# 子どもと学校の考現学

―少子化社会の中の子どもの成長―

深谷昌志著

黎明書房

# はじめに

## 考現学の手法に学ぶ

「考現学」は，今和次郎が中心となって，昭和2年に提唱した学問といわれる。今和次郎は，柳田国男の薫陶を受け，民家の探訪にたずさわっていたが，大正12年の関東大震災を契機に，復興する都市の表情が変容する過程を克明に記録する仕事に関心を集中させる。特に，モボやモガなどの新しい風俗が刻々に変わる姿をメモに取り，そうした研究をモデルノロジー（考現学・Modernology。エスペラント語のモデルノロギオ Modernologio を使うこともある）と名付けた。

柳田の民俗学が，山村の消えゆく慣行の復元に努めたのに対し，今和次郎は大都市の現在の風俗に着目する。現在の風俗も，今，記録を取っておかないと，過去の中に埋没してしまう。現在の何気ない髪形や服装などの風俗を記録すると同時に，その風俗の由来などを調べ，現在的な意味をまとめる手法である。

今和次郎のそうした接近の仕方が，赤瀬川原平や南伸坊らの路上観察学として現在に受け継がれている。マンホールや制服，屋根瓦など，見逃しがちな平凡な対象をとらえ，その現代的な意味を立体的にとらえようとする手法である。

## 子どもの生活をとらえたい

本書は，そうした考現学的な手法に刺激を受け，子どもの諸相を考現学的にとらえてみたいと思ったことから出発している。子どもの学校生活は入学式から始まる。そして，学校へ行けば，学級があり，担任の先

生がいる。そして，放課後の子どもが友だちと遊ぶ。昔からのありふれた光景だが，どうして現在の姿があるのか。そこで，現状をたしかめると同時に，現象の歴史的な系譜をたどると同時に，他の社会での状況も探る。縦断的に，時には，横断的に問題をとらえて，現象の持つ現代的な意味を深めてみたいと思った。

　子どもの姿には，時代を超えて変わらない部分と時代を反映して変容する面とがある。夏休みに野山でカブト虫を追いかける子どもの姿に平成も昭和もないが，スマホを片手に「ポケモン GO」に興じる子どもは平成 28 年の夏を象徴している。この「不易」と「変容」に，考現学的な視点で迫りたいと考えたが，「少子化社会の中の子どもの成長」が本書の基調をなす問題のように考えている。

　本書では，子どもの生活を，「Ⅰ　子どもの学校生活」，「Ⅱ　子どもにとっての家庭」，「Ⅲ　地域での子どもの暮らし」，「Ⅳ　学校文化の中の子ども」，「Ⅴ　まとめ」の 5 部にまとめてみた。本書は筆者の主催する「子ども問題勉強会」の同人誌に仲間向けに気軽に書いた文章を土台にしている。毎月発刊するので，最初の項目を書いたのは 4 年以上昔のことになる。本書をまとめるにあたり，項目を取捨選択し，「まとめ」を含めて，18 項目を収録することにした。現在の子どもの生活の中で学校の占める意味が大きいので，学校にからむ項目が半数程度に達する結果となった。

　何度か，原稿の推敲を行ったが，考現学であるから，現在が出発点になる。しかし，推敲をしている内に，月日が経ち，現在といえなくなる。

はじめに

　そうなると，推敲と現在とのいたちごっこになってしまう。そこで，本書は平成28年8月を基準として，推敲を行ってみた。

　脱稿してみると，もう少し小さな何気ない対象を扱うのが考現学にふさわしい気がする。消しゴムや弁当箱，ランドセルなどが具体例として浮かんでくる。そうしたテーマについて，落穂拾いのように丹念に資料を収集し，それを組み立て，問題を提起するのが正統派の考現学のように思う。そう考えると，本書は考現学的な手法をふまえて，子どもの生活に考察を加えたというのが妥当な評価となるのかもしれない。


　平成28年8月

深谷昌志

# 目　次

はじめに　1

## I　子どもの学校生活 ……………………………………… 11

### 1　入学式　12

欧米の大学は９月入学　12
さみだれ式に入学　13
厳粛な学校行事の定型化　14
厳粛さを増す学校行事　15
子どもの視点に立つ入学式　16
入学式のない学校　18
入学式より卒業式が大事　18

### 2　学　級　21

授業参観を500回　21
学級の「居心地がよい」に大きな開き　22
担任が学級のかなめ　24
学級は経費削減の手段　25
30人学級の実現を求めたい　26

目 次

　　学級のない学校　28

## 3　学級委員　30

　「学級のリーダー」になりたくない　30

　子どもの統率者としての級長　31

　級長への子どもの憧れ　32

　級長選びに対する疑念　34

　民主社会での「平等」の落とし穴　36

　「今週の学級のスター」を掲示　37

## 4　担任の先生　40

　男の子と女の子が反発するクラス　40

　担任の長所と短所との狭間　41

　子どもに声掛けをする教師　42

　地獄の学級と天国の学級　44

　ガリバーとしての担任　46

　子どもの心に残る教師　47

## 5　修学旅行　51

　追い立てられる感じの寺回り　51

　歩く旅から汽車の旅に　52

　一生の思い出としての修学旅行　53

　海外でさめた感じの子どもたち　55

　修学旅行の使命は終わった　56

　修学旅行のモデル・チェンジを目指して　57

## Ⅱ　子どもにとっての家庭 ……………………………… 61

### 6　お手伝い　62

手伝いは「自分の食器運び」と「箸を並べる」だけ　62
手伝わなくなった女子と手伝うようになった男子　64
手伝っている子は生活習慣がしっかりしている　65
手伝いは自己像を明るくする　67
手伝いは自己像を支える　68

### 7　子育て支援　70

出産後の継続就業率を高める　70
北京で感じた「全託」への疑問　71
スウェーデンの子育て事情　73
子どものウエルビーイングと母親のウエルビーイング　74
「ボンディング」と「アタッチメント」　75
愛着障害を抱える子との係わり　76
若い母親の労動力化に懸念　78
養育期間の設定とリフレッシュ制度の充実　79

### 8　虐　待　81

「固まる」や「怯える」　81
里子に残る虐待の影　82
里子と心が通い合わない　83
虐待件数の増加　84
施設暮らしの子が３万人の問題　85
里親の療育の抱える問題点　88

目 次

## 9 父 親 90

「道具的」と「表出的」 90

マミー・トラックとダディ・トラック 91

パパクオータ制の社会 93

女性優位の実験社会 94

「キロギ・アッパ（雁アッパ）」の悲哀 95

そして，日本の父親 97

「脱男性」の意識を持つことの難しさ 98

## Ⅲ 地域での子どもの暮らし …………………………… 101

## 10 遊 び 102

「遊ぶ」のが子どもらしさ 102

街に子どもが群れていた 103

遊びが変質した 104

「豊かな遊び」から「貧しい遊び」へ 105

ギャング集団の中での暮らし 107

「俗の文化」の中に身を置く 108

子どもの「フリー・デイ」の勧め 110

## 11 自然体験 112

「屋外体験」の豊富だった時代 112

自然を守る文化的な伝統 113

トンボにさわったことがないが６割 114

32 年前との比較 116

自然体験は子どもの自信を育てる　118

多様なサマー・ファン（夏のお楽しみ）の展開　119

野外活動の専門家育成が急務　120

## 12　ボランティア体験　122

ボランティア体験を欠く子ども　122

アメリカでの昔の体験　123

目標と金額を決めて基金を募る　124

ボランティアは自信を育てる　125

「自願奉仕社会」韓国の事情　126

奉仕活動が入試に役立つ　127

## 13　スマホ（スマートフォン）　130

ケータイがあるのが当たり前の成長　130

スマホと距離を置く子どもたち　131

スマホを手にする子は増える　133

中学生の８割がＳＮＳを利用　135

スマホ社会のもたらす光と影　136

メディアを制御できる子とメディアに溺れる子　137

## Ⅳ　学校文化の中の子ども　………………………………　141

## 14　いじめ　142

「いじめ」がなくならない　142

いじめの３段階　143

いじめの量的な把握　145

どの子も友だちづきあいの若葉マーク　147
　　イジメ・ポストの設置を　148

## 15　学校選択制度　150

　　教育規制緩和のシンボルとして　150
　　学校選択制から「特認校」への転換　151
　　公教育の中に学校間格差　153
　　中高一貫校が序列化に拍車　155
　　アメリカで見た学校選択の姿　156
　　「学力」を基準とした学校選択の悪夢　157

## 16　6・3・3制　159

　　複線型学校制度の時代　159
　　進学と非進学とを分けるもの　160
　　小僧としての日々　162
　　ドイツで見たパンの職業学校　163
　　ノブレス・オブリージュ　164
　　アメリカモデルの6・3制の発足　166
　　新しい形の複線型学校制度への回帰　167

## 17　入学試験　170

　　教育の歴史は受験の歩み　170
　　昭和3年は入試が実施されなかった　170
　　「平等」と「個性」とのバランス　172
　　高校進学や大学入試の重圧から解放された　174
　　禁欲的な生き方から解放されて　175
　　ポスト学歴社会の厳しさ　177

# V　まとめ …………………………………………………… 181

## 18　子どもとは　182

「子どもの誕生」　182

巣立ちを前提としての子育て　183

子どもと密着する親　185

「7歳までは神の子」　185

子は親に孝を尽くす　186

恩を媒介としての輪廻　188

「子やらひ」の復権　189

「依存」から「自立」へのスイッチの切り替えを　190

あとがき　192

索　引　194

# I 子どもの学校生活

# 1　入　学　式

## 欧米の大学は9月入学

　「入学」は「都踊」や「虚子忌」,「山王祭」などと並んで, 春の季語と聞く。たしかに, 入学式を迎えた子どもが, 満開の桜の下を両親に手を引かれ校門をくぐるのは春の風物詩であろう。

　もっとも, 欧米の大学が9月始まりなのはよく知られている。そのため, 海外の大学進学を目指す日本の高校卒業生の場合, 入学までに半年のブランクが生まれる。近年では, 単位の履修にあたり,「クオーター制」(4学期制) や「セメスター制」(2学期制) を採用している大学も多いので, それほど待たずに, 大学生活のスタートを切れる場合も少なくない。もちろん, 半年待ちの場合でも, その間を語学の研修を中心に, 海外生活に慣れる準備期間にあてる場合が多いから, 必ずしも, 無駄な時間ではない。もっとも, それ程待たせる学期初めだが, 新学期の感激は少ない。欧米の大学では入学のセレモニーが行われず, さみだれ式に講義が始まるからだ。

　教育史の資料を調べると, 日本の大学も, 西欧の影響を受けて, 明治には秋入学制が取られており, 東大で新学期は4月と規定されたのは大正10年である。もっとも, 明治19年, 国の会計年度の始まりが4月に切り替わることとなり, それに合わせ, 中等教育に4月入学制も導入された。この時期は森有礼文相期で, 日本の教育制度が整備された時期にあたる。各県に5年制の中学校が誕生し, 各 (旧制) 中学で4月に入学式が挙行されている。それに応じて, 初等教育でも, 大都市の中心部にある伝統校を中心に, 4月入学制が広まっていく。

## I　子どもの学校生活

### さみだれ式に入学

　それでは入学の時期はともあれ，小学校の入学式がいつ頃始まったのか。入学式のルーツを探ろうと，手持ちの学校史を調べたが，どうも判然としない。松本の開智学校は，重要文化財に指定された洋風の校舎が現存する明治6年創設の名門小学校だが，「資料開智学校」には，明治20年代からの「学校日誌」が収録されている。しかし，「4月6日（土）本日春季大運動会ヲ岡ノ宮及ビ玄向ニ行フ」（明治22年）のように，4月初めには運動会の開催が定例化され，入学式を挙行した気配はない。その後，明治40年代に入り，新入生と担任との対面式は行われるが，「学校日誌」に「始業式」の名称が出てくるのは大正13年である。

　『加茂小学校史』（山形県鶴岡市）によると，明治21年度に21人の1年生が入学するが，入学月日は3月1日が2人，16日1人と続き，4月も2日から23日までに11人の子がばらばらに入学している。加茂は江戸時代から栄えた港町で僻地ではないが，子どもがさみだれ式に入学してくるから，入学式を行える状況ではない。

　実際に，明治期の小学校は，江戸末期の寺子屋が，明治になって，看板を「学校」へ代えただけのものが多い。長谷川時雨（明治12年，東京の日本橋生まれ）は明治中期から大正にかけて活躍した女流作家だが，生き生きとした筆さばきで明治20年前後の小学校生活を描いている。時雨によれば，5歳の時に「机を松さん（お手伝いさんの名―筆者注）が担いで，入門料に菓子折を添え，母に連れられて学校の格子戸をくぐった」。入門したのは代用小学校というより「（秋山）源泉学校」の方が通りのよい学校だった。「平屋建ての，だだっ広い一棟で一室だけ」の板張りが教場だった。そこに机を並べて，習うのは「主に珠算や習字と読本だけ，御新造さんも手伝えば，お婆さんもお手助けをしていた」という家塾だった。学校，というより，塾という方が雰囲気に合っている感じだが，塾での生活の大半が書にあてられ，勉強が退屈なので，子どもが室内で悪戯をする。すると，「黒板の下へお線香と茶碗の水をもっ

て立たされる」のような罰が課されている。まるで，寺子屋の世界だが，明治18年前後の東京の日本橋での実話である。（長谷川時雨『旧聞日本橋』青蛙書房， 1971年）

　もう一例あげるなら，国民作家として人気のあった吉川英治（明治25年，神奈川県横浜生まれ）は，私立小学校へ入学しているが，木造2階建ての校舎で，校長と御新造先生が中心に教えてくれる学校だった。「古い板囲いの壊れ目から覗くと，すぐ隣地の水天宮様の境内が見える。」そして，「男女共学などという言葉はなかったが，自然の男女混合だった」。習字が必修科目で，「習字の草紙は墨の膠でピカピカに光るほど，その上から上へ，毛筆を重ねて習う。菅原伝授手習鑑の寺小屋の段，あれに近いものと思えば間違いない」状態だった。英治の通ったのは，明治30年代半ばの横浜の事例である。（吉川英治『忘れ残りの記』角川文庫，1962年）

　寺子屋への入門は，「習い初めは数え6歳の6月6日」という風習があったものの，実際には入塾や退塾の時期は自由だった。時雨が記しているように，師への束脩（入門時の謝礼と月謝）と塾の仲間への半紙か菓子を持って，門をくぐるのが入門だった。そうした慣習を受け継いでいるので，明治中期になっても，大半の学校では寺子屋的な風習が残っており，伝統的な七夕の行事などは行っているものの，入学式という慣行は認められない。


## 厳粛な学校行事の定型化

　入学式というと，校長以下の教職員が威儀を正し，来賓も列席し，入学を祝う光景が浮かんでくる。女性雑誌などでは，入学式の親子のファッションが取り上げられるし，父親が公休を取って，入学式に出席することの是非が論じられたりする。そうした入学式の形態はいつ頃に形成されたのであろうか。

　明治24年，文部省は「小学校に於ける祝日大祭日の儀式に関する規程」

# I　子どもの学校生活

を発した。これは，四方拝，紀元節，天長節の三大節の持ち方を規定したもので，この規定に準じ，各県で詳細な式次第が制定されている。

　長野県を事例として，この間の事情を細かくたどると，明治23年12月に県下の小学校に御真影が下賜され，24年10月に三大節の儀式での唱歌が定められる。その後，明治25年2月に，三大節での式次第が制定されている。「1 参観人着席，2 生徒着席，3 学校職員着席，4 御真影奉開，5 一同最敬礼，6 天皇陛下と皇后陛下の万歳三唱，7「君が代」斉唱，8 一同起立，校長の勅語奉読，9 学校長演説，10 紀元節の歌合唱，11 一同最敬礼，12 御真影奉閉，13 一同退席」である。服装について「礼服又ハ袴羽織」で，式は「清潔ニシテ静粛ナルヲ要ス」とある。現在の学校行事の原型が感じられる式次第だが，この規定は県令なので，各学校でも規定に準じる形で儀式を挙行することになる。

　明治20年代前半に，教育勅語の発布，御真影の下賜，君が代の国歌扱いなど，国家主義的な教育の色彩が強まるが，その一方，明治26年5月の「式日奉祝の趣旨につき県内訓」によれば，式典は「忠勇ノ特性」を育てるのに大事な行事だが，「頻繁ニ渡リ疎慢ノ嫌」が生まれるのを避けるため，「敬礼ノ日」は三大節に限るように指示している。（『長野県教育史』第11巻・資料編5，1975年）

　こうした経過をたどって，明治30年代以降，三大節は国家的な行事として位置付けられ，津々浦々の学校で細部まで同じ次第の式典が厳かに開催されるようになる。そして，入学式も，三大節の式次第に準じて開催する学校が増え始める。しかし，そうした状況に対し，明治36年，井上毅文相は，式典に「厭倦ノ機」が見られるから，三大節以外の行事は簡素化するよう指示している。

## 厳粛さを増す学校行事

　学校行事の変遷については，山本信良・今野敏彦の『近代教育の天皇制イデオロギー』（新泉社，1973年）が信頼のできる唯一の専門書で

あろうが，続編の『大正・昭和教育の天皇制イデオロギー』（新泉社，1976年）に，興味深い事例が紹介されている。

昭和7年6月17日に，埼玉県の鶴城小学校に文部省の嘱託と県の役人が「御真影検査」に来校している。そして，御真影の「御影，右肩ヨリ左ニ横斜ニ薄キ筋アリ」で，校長の進退問題に発展しそうになる。さいわい，筋は現像の際のものと分かり，疑いが晴れたが，この事例は，御真影が形式的に安置されているのでなく，きちんとした役人が御真影を定期的に点検したことを示している。

こうした事例が示すように，昭和になり，「国体の本義」的な教育の色彩が強まるにつれて，奉安殿は侵すことのできない聖域として，学校内で象徴されていく。1例として，昭和11年2月に東京では，警察の保安部長が各警察署長宛に通達を発している。奉安殿は，不潔な所から離し，「鉄柵又ハ木柵ヲ設ケシメ尚付近ニ植樹其ノ他適当ノ処置」をとるように指示している。ということは，警官が奉安殿の設置状況を監視に来ることを意味している。（東京都北区教育委員会『北区教育史・資料編第2集』1994年）

奉安殿の扱いが上述の通りに厳しいから，儀式にあたっての御真影への拝礼や勅語は，より厳粛に営まれることになる。現在になると卒業式や入学式の仰々しさが目につくが，歴史的には，紀元節などの三大節が重々しく挙行される中で，入学式は，三大節の形式を簡略化した行事として定着する。といっても，儀式なので，三大節に準じて，礼服の着用，君が代斉唱，来賓祝辞が行われることになる。

### 子どもの視点に立つ入学式

大正自由教育の一端を担った成蹊小学校の入学式について，主事だった小瀬松次郎は「入学式といっても他の学校の様な形式ばった事はない。至極簡単明瞭だ。きびきびとした2，3の訓示があって式は存外早く済んだ。ここが即ち成蹊教育の特色だ。矢鱈にお辞儀をさせたり，下らな

い訓示を長々と述べるような事がない」と回想している。その後，子どもたちは記念植樹をしている。（中野光『大正自由教育研究の軌跡』学文社，2011年）

　斎藤喜博の島小学校は昭和30年代に教育界に旋風を巻き込んだ教育実践だが，『学校づくりの記』を読むと，教師と上級生が新入生を歓迎する準備に時間をかけ，工夫を凝らして，入学の日を迎えている。新入生が学門をくぐると，校庭の花壇一面に花が咲き乱れている。これは前年末から，上級生が新入生のために花壇の種付けを行い準備した成果で，入学式に合わせて，花を咲かせている。そして，新入生は，両側に並ぶ上級生の輪の中をくぐって玄関に向かう。その後も，新入生は上級生から世話をしてもらって，入学1日を過ごす。（斎藤喜博『学校づくりの記』国土社，1970年）

　入学式にあたって，子どもの視点を大事にする。そうだとすれば，不安な気持ちを抱いて，校門を潜る新入生に不必要なストレスを与えないのが教育者としての良識であろう。成蹊のように式を簡単にして，記念植樹をするのもよいし，島小のように上級生全員で1年生を迎える形も印象に残る入学式となる。

　入学式などの学校行事の雰囲気を比較文化的に，あるいは，歴史的にたしかめると，民主化された社会では子どもを尊重する明るい肩のこらない感じの行事が持たれている。それに反し，専制化された社会では国家主導型の重々しい儀式が持たれる。日本でも大正期には子どもを尊重する形式の入学式が見られるが，戦時色が強まるにつれて，「国体の本義」的な性格が強まる。それと同じように，第2次大戦後，多くの学校で，明るい個性的な入学式が行われたが，ここ十数年来，学校行事に硬直化した上意下達的な性格が強まっている。儀式の際，君が代を斉唱しない教員が退職に追い込まれる事態は，戦時下の教育を連想させるものがある。信条の自由は基本的な人権のはずだが，すでにその一角が崩れている。

## 入学式のない学校

　子どもの調査でパリを訪ねた時，在留邦人の母親から1年生の入学体験を聞く機会があった。入学の時期が迫っているのに，小学校の校門は閉まり，集まる日時を書いた張り紙が貼ってあるだけだった。学校から何の通知もないので，プランタン（百貨店）で洋服や文房具を買い，指示された時間に校門に行ってみると，盛装しているのは彼女の家族だけだった。現地の親は普段着のまま，子どもは手ぶらだった。時間が来ると，校門が開き，担任が一人ひとりの子を確認して，学校内に入れた後，お迎えの時間を告げて，校庭内に消えた。迎えの時間に行くと，子どもを一人ずつ校門から出し，担任が数日先までの留意事項を書いたメモを渡してくれた。それが，1年生の一日目のすべてだった。フランス語がまったくできない子どもなので心配したが，本人は楽しかったというので一安心したという。その後，何日かしてから，12色のクレヨン，その後，薄いノート，4Bの鉛筆など，必要なモノを書いたメモを学校から持ってくるようになった。そうした形で，徐々にパリでの学校生活が始まっていった。

　アメリカの入学事情も，パリと大きな変わりはない。シアトルで見た光景は，校門に教室番号が貼ってあり，親子でその教室に行く。担任がクラスの子どもを確認してから，親に挨拶し，お迎えの時間を知らせて，親は退室する。親の滞在時間は10分程度だった。帰り際に，お迎えは11時というアナウンスがあった。担任に新入生の受け入れについての話を聞くと，子どもは学校へ来るだけでも大変だから，学校を楽しい場と思わせたい。その一日目だから，初日はゲームと音楽で，半日を過ごす。こんな感じで今週は終わり，来週初めに，学校巡りをする計画で，その時には，上級生が案内役になるという。

## 入学式より卒業式が大事

　ネットを見ると，小学生の親子の入学式用の晴れ着特集が組まれ，女

I　子どもの学校生活

子はワンピース，男子はスーツ，母親は和服だと評価が上がるなどの記述が見られる。礼服を着て，威儀を正してというのであろう。しかし，子ども中心に考えるなら，小学校の場合，形式的な入学式を挙行するより，「学校って楽しいな」と思わせるような雰囲気の受け入れで十分ではないだろうか。その代わり，学校を巣立つ日は長年の思い出をこめて，印象深い卒業の会を持ってほしいと思う。

　アメリカの場合，大学の卒業式が晴れがましいのはよく知られているが，小学校では卒業式を持たない場合が多い。地域の中で小中の学年が一貫し，中1相当の学年が7年生となるので，「進級（Promotion）」的な感じとなるからであろう。もちろん，地域によっては，女子はスカートにブラウス，男子はシャツにネクタイ程度の服装で集まり，校長の挨拶，頑張った子の表彰，修了書の授与などの行事をする場合もあるが，カジュアルな雰囲気で，小1時間で集まりが終わるのが一般的だ。

　なお，大学の場合は，若者が社会に巣立つ旅立ちの時なので，イギリスの大学の伝統を受けついで，卒業生は昔ながらのガウンにフード（帽子）というアカデミック・ドレスで集まり，伝統的な儀式を行う場合が多い。スチューデント・ユニオン（大学生協）へ行くと，かなり早い時期から，指定されたガウンの購入を分割払いで受け付けている。東部のトップランクの大学・アイビー・リーグの場合，大学はむろん，学部ごとのアカデミック・コートに細かな規定があるので，フードを見るだけで，同窓か，どの学部のいつの卒業かが分かるという。

　ニューヨークのホテルに滞在している時，バンケットホールで，ハーバードの同窓会が開かれていたが，年配の人も若い人も，同じガウンを着ているが，ネクタイなどが微妙に異なり，何年度の卒業生なのかが一目で分かる仕組みのようで，世代を超えた同窓意識で会が盛り上がっていた。

　こうしたアメリカの事情はともあれ，日本の小学校の卒業式に戻ると，入学式よりは工夫されている感じがする。6年間の思い出を文章にまと

19

める。あるいは，卒業式で，全員が思い出を「呼びかけ」の形にこめて発表する。また，20年後の再会を期して，それぞれの夢をカプセルに託して，グランドの隅に深く埋め込む。さらに，卒業式の後，クラスに集まり，お菓子を食べながら，保護者を交え，6年間の写真やビデオを映して，時間を過ごす光景も見かける。いずれにせよ，入学式を簡素化するかわりに，卒業にあたっては，思い出に残る型にはまらないイベントを企画して欲しいと思う。

Ⅰ　子どもの学校生活

# 2　学　級

### 授業参観を 500 回

　長いオーバードクターの生活を終え，奈良教育大学に勤めた時に，学科長から「観察参加」という科目を持つように指示された。週に 1 度，学生と一緒に附属小学校を訪ね，授業を見学させてもらい，その後，授業についての話し合いをする科目だという。朝早くから附属小へ行き，授業参観と話し合いで各 1 時間，その後，次週の打ち合わせなどをするので半日が潰れる。そのため，誰も担当しようとしない。そこで，教育学の一番若い教員が担当する決まりが作られたらしい。

　幸か不幸か，その後 10 年近く教育学科に若い教員が採用されず，その内に，附属の先生たちとも親しくなった。そのため，奈良教育大から転出するまでの 18 年間,「観察参加」を担当するはめになった。したがって，年間に 30 週，18 年の勤務だから，500 回以上の授業を参観した計算になる。

　授業を見学している内に，学級差の存在が気になり始めた。同一学年の隣接する学級でも，明るく伸び伸びとした学級の隣に，子どもが委縮し暗い感じのクラスがあったりする。そうなると，明るい学級の子は幸せだが，暗いクラスの子には学級が苦痛の空間になる。

　考えてみれば，「学校へ行く」というが，正確な言い方を試みるなら，子どもは「学級に通っている」。学校内では，違う学年の周辺に立ち寄ることは少ないし，同学年でも違うクラスの教室には入りにくい。だから，学校内の子どもは大半の時間を自分の学級の中で過ごしている。それだけに，学級の居心地が大事になるが，子どもは学級を選べないので，指定された学級に籍を置くことになる。

　こうした経験を重ねる内に，学級を「楽しい」と思っている子がどれ

21

位なのか調べたいと考えるようになった。クラスの全員の子が「楽しい」が理想だが，クラスに多様な子がいるから，満足度がどの程度なら合格と見なせるのか。附属小学校での「観察参加」を通しての経験値として，子どもの満足度が7割程度なら合格と仮定してみた。しかし，周りの学生に感想を求めると，5割という答えが多く，4割という声も少なくなかった。担任との相性とは別に，クラスの子の中に，いくつかのグループがあるから，「みんなが楽しく」は現実離れしている。「先生は子どもの気持ちを分かっていない」という学生の声が耳に残った。

### 学級の「居心地がよい」に大きな開き

それならば，学級に対する子どもたちの満足度を確かめようと，何回かの調査を行ってみた。そうした中で，平成14年に，調査の規模を広げ，関東の9小学校57学級を対象として，学級の居心地を調査した結果があるので，それを紹介してみたい。

学級は学校の中にある。当然，学校の地域性や校風などの影響を受け

### 表1 調査対象の小学校

|     | 地域性 | 創立 | 児童数（男・女） | 学級 | 教員 |
|-----|--------|------|------------------|------|------|
| A校 | 都下の由緒ある商業地 | 明37 | 200（103・97） | 6 | 14 |
| B校 | 湘南の高級住宅地 | 平10 | 685（348・337） | 20 | 26 |
| C校 | 湘南の商業地 | 昭54 | 623（302・321） | 18 | 22 |
| D校 | 北関東の昔からの町 | 明6 | 200（106・94） | 6 | 14 |
| E校 | 都下下町の住宅地 | 平4 | 531（277・254） | 16 | 25 |
| F校 | 都下下町の商業地 | 明12 | 306（158・148） | 19 | 15 |
| G校 | 横浜郊外の住宅地 | 昭23 | 400（211・189） | 14 | 20 |
| H校 | 近郊都市の住宅地 | 昭25 | 641（327・314） | 18 | 26 |
| I校 | 都下下町の工業地区 | 昭4 | 100（52・48） | 6 | 12 |

I　子どもの学校生活

るので，学級の居心地を確かめる前に，9小学校のプロフィールを紹介すると前ページの表1の通りとなる。

　この調査では，9校すべてを訪ねて，校区の雰囲気を摑むことにした。A校は明治末期から栄えた商業地の中心にある名門校だが，児童数が減り，在校生の半数近くが校区外からの転入生だった。そして，B校は湘南の海辺に面した高級住宅地にある洒落た感じの学校だった。C校はB校と同じ市にある学校だが，JR駅前の商業地を校区としている。また，D校の校区は北関東にあり，小藩の中心地として栄えた町だが，明治の頃，汽車の誘致に地元が反対し，現在では，最寄りの駅まで車で30分以上かかる。地域は過疎化し，豪勢な建物が昔日の繁栄を伝えていた。

　校区を訪ねてみると，その学校なりの背景が浮かんでくるが，詳細を割愛して，各校の学級ごとの充足感を確かめると，表2の通りとなる。

表2　学級ごとの「楽しさ」（充足感）　　　（％）

|  | 全体 | 4年 | | | 5年 | | | 6年 | | |
|---|---|---|---|---|---|---|---|---|---|---|
|  |  | 1組 | 2組 | 3組 | 1組 | 2組 | 3組 | 1組 | 2組 | 3組 |
| A校 | 53.7 | 33.4 |  |  | 57.1 |  |  | 70.5 |  |  |
| B校 | 49.6 | 53.0 | 81.8 | 62.5 | 38.2 | 64.2 | 39.4 | 38.2 | 30.5 | 43.4 |
| C校 | 49.3 | 52.1 | 76.0 | 66.6 | 45.9 | 54.0 | 35.1 | 48.5 | 51.7 | 26.4 |
| D校 | 48.6 | 35.9 |  |  | 58.9 |  |  | 51.6 |  |  |
| E校 | 46.8 | 40.7 | 56.7 | 66.7 | 59.2 | 65.3 | 25.8 | 54.6 | 35.7 | 28.5 |
| F校 | 44.4 | 31.6 | 57.7 |  | 37.5 | 45.0 |  | 51.8 | 37.5 |  |
| G校 | 38.4 | 29.4 | 40.7 |  | 37.3 | 41.4 |  | 39.1 | 57.7 |  |
| H校 | 34.1 | 53.4 | 33.4 | 19.4 | 36.4 | 34.5 | 38.7 | 28.6 | 37.9 | 27.6 |
| I校 | 25.0 | 44.0 |  |  | 20.0 |  |  | 11.1 |  |  |
| 全体 | 44.6 | 49.2 | | | 43.9 | | | 40.6 | | |

学校へ行くのが「とても」＋「わりと」楽しみと答えた割合。

23

なお，充足感の尋ね方にはいくつか考えられるが，ここでは，「学校へ行くのが楽しみですか」の形の設問で，「とても」＋「わりと」楽しみと答えた割合を示している。（深谷昌志『学校とは何か』北大路書房，2003年）

　「学校に行く楽しさ」は平均して44.6％と，予想外に低いのが気になるが，それ以上に，学級の「楽しさ」（充足感）に大きな開きがあるのが衝撃的だった。調査をした57学級の中で，評価のもっとも高い学級は，B校4年2組の81.8％，次いで，C校4年2組が76.0％だが，低い方では，I校6年1組の11.1％，H校4年3組は19.4％である。充足感が2割以下となると，40人学級なら，学級が「楽しい」と思う子が8人以下で，残りの32人は憂鬱な気持ちで学級に身を置いている計算になる。


### 担任が学級のかなめ

　B校4年2組の担任（81.8％，32歳）は，慶応大の出身で，趣味はサーフィン。ギターも得意で，湘南の校区らしく，「若大将」として子どもの人気を集めていた。また，A校の6年1組の担任（70.5％，46歳）は，新卒の数年間をA校で過ごし，20年ぶりにこの校区に戻った。地元に精通している上に，元の教え子が地域に残っていて，クラスの6人は親子2代を教えることになったという。それだけに，PTAから「うちの先生」という感じを持たれ，地域の評判も上々だった。

　こうした事例に接すると，担任の魅力が学級を束ねているのを感じる。それに対し，I校の6年1組（11.1％）は，5年の時，学級にボス化した女の子がいて，クラスの子をいじめるだけでなく，金銭を強要した。それを，担任が放置したため，保護者からの苦情が学校に殺到したが，学校の対応が鈍く，親が教育委員会に訴え，教育委員会と親との話し合いが持たれた。その結果，半数以上の子が他校へ転出した。いじめを契機に，学級崩壊が起き，解体に近い状況になった学級である。4

月から，新しい担任が赴任したが，在籍児18人の中で，「学校が楽しい」は2人にとどまる。また，H校の4年3組（19.4％）は，3年の後半に担任が産休に入ったが，補充教員が年度末で辞め，その上，新年度の担任も急に転出し，6月に3人目の担任が赴任した。学級がバラバラで，授業以前の状態だと，新しい担任は話していた。

　こう見てくると，学級は生き物で，学級ごとのストーリーがあるのを感じる。学級には担任のもとに30人前後の子どもがそれぞれの仲間集団を作って，生活を共にしていく。しかし，現在の子どもは，異質の友とのふれあいに不慣れなので，ちょっとしたことでもトラブルになりやすい。どこのクラスでも，対応を間違えれば，学級崩壊を起こす可能性を秘めている。それだけに，担任は，授業者である以前に，子ども集団を把握し，適切に指導するアドバイザーであって欲しいと思う。


## 学級は経費削減の手段

　ミュージカルの名作「サウンド・オブ・ミュージック」は，修道女見習のマリアが，オーストリアの名門・トラップ家の家庭教師として雇われるところからストーリーが始まる。また，敗戦直後，皇太子の家庭教師としてアメリカ人のバイニング夫人が招聘されたのは，よく知られた挿話だろうが，別の例をあげるなら，ヘレン・ケラーを育てたサリバンも，アメリカ南部の名家・ケラー家の家庭教師として，ヘレンの指導にあたった。

　こうした事例が示すように，欧州，特にイギリスでは，伝統的に，初等教育段階の子どもの教育を家庭教師に託すのが良家の常識だった。そして，中等学校段階になると，寄宿舎制のグラマー・スクールで暮らし，その後,オックスブリッジ（名門大学）へ進むのが正統派の進路だった。

　それに対し，初等教育は労働者階層の大衆教育機関として発達する。その際，安い経費で，大量の教育を可能にする手段として「学級」が成立した。中でも，学級形式の先駆として，ベルとランカスターの「助

教法（モニトリヤル monitorial system）」が紹介されることが多い。19世紀初頭の産業革命期に，貧困層の子どもを，費用をかけずに効率よく工場労働者に育てたい。そのためには，年長の文字を読める子が年下の子を教え，年長の子を師範代（助教）の子が教え，大先生は師範代の子だけを教える。そうすれば，大先生一人と数人の師範代（助教）がいれば，何百人の子を教えることができるという制度である。

　「入学式」の項で紹介した通りに，日本でも子どもがさみだれ式に入学してくるから，学級などを作れる状況になかった。そうした中で，法的な意味で，学級が登場するのは「学級編成等ニ関スル規則」（明治24年）以降になるが，その前後に，学級定員について，「小学校ノ学科及其程度」（明治18年）で80人以下，「小学校令施工規則」（明治33年）でも70人以下の規定が見られる。

　しかし，教育現場では，正規の師範出の教員が少なく，多くはかつての寺子屋の師匠だった。それと同時に，財源が逼迫していたので，高等科の卒業生を授業生として雇う形も定着していた。しかし，それでは，きちんとした教育を期待できないので，模範的な授業の型を示し，それを模倣すれば，誰でも授業ができる仕組みが考えだされた。それが，明治30年代から全国的に普及し，その後も教育界に長く影響を与えた「5段階教授法」である。

　これは，1時間の授業を5段階のステップに分けて進めるもので，具体的には，「予備―提示―比較―総括―応用」という形式の場合が多い。どの教科の単元でもよいが，授業にあたり，簡単に前の時間の復習などを行って（予備）から，教材を示し（提示），それを展開（比較）する。その後，まとめを行い（総括），今度の課題を示して（応用）授業を終えるという授業スタイルである。

### 30人学級の実現を求めたい

　「5段階教授法」などというと，明治期の古文書に出てくる実践のよ

うに思える。しかし，現在でも多くの教師が作成している指導案は，命名を別にすれば，そうしたステップをたどっているのに気づく。一人の教師が何十人の子どもに「一斉授業」をする場合，5段階教授法的な発想を踏まえつつ，発展させる形にならざるを得ない。日本の教師は授業がうまいといわれるが，それは，一斉教授をするにあたって，5段階的な授業法に熟達したたくみさの反映と思えば，納得できる。

その際，学級のサイズが問題となる。現在，1年生の35人を除くと，小学校は40人を学級の定員と定めている。もちろん，41人なら2学級になるので，平均すると，学級あたりの児童数は28.1人（2013年，文科省資料）となる。教師の話を聞くと，学級の児童数が20人程度なら，どの子にも目をかけられるが，35人を超えると，逸脱する子の対応に追われ，おとなしい子への配慮ができなくなる。だから，子どものために，学級定員の削減を強く望みたいという。たしかに，OECD 31ヵ国の小学校の学級当たりの児童数は21.4人だが，日本は28位で，平均より6.7人も多い。経済的に豊かな社会のはずの日本の学級当たりの児童数がOECDの最下位の近くにとどまる。そして，平成27年にも，学級サイズの縮小が問題になったが，学級を少人数にしても，学習成果は現状と変わらないという財務省の論理が優先したと聞く。

しかし，現在の子は，多くの時間を家庭の中で過ごし，友とふれあう体験に乏しい成長をしている。その結果，集団生活になじまない子どもが増え，指導の困難さが増したといわれる。それだけに，子ども時代に多様な子と生活をともにし，集団の中での行動を身につけることが重要となる。考えてみれば，異質な子どもが生活を共にする学級は，いわば多くの異質を内包する現在社会の縮図であろう。それだけに，学級の中で，他人の個性を認めながら，一人ひとりが自分の個性を発揮する。そのためには，互いに理解し合えるように，学級サイズは20人程度とすることが望ましい。そうした友だち体験を学級集団の中で積むことができれば，学級は子どもが成長するための大事な土台となる。そう考える

と，子どもが友との関係を育てる意味でも，欧米並みとはいわなくとも，30 人学級の実現を望みたいと思う。

## 学級のない学校

これまで，どこの社会にも，日本と同じような学級の姿があるかのように記述してきた。しかし，どの町でもよいから，アメリカの小学校を訪ねてみよう。学級の姿が日本とまったく変わっているのが分かる。たしかに登校時に子どもはロビンソン学級に集まるが，その後の学習は，個々の子どもの学習プランにより異なる。同じ国語の時間でも，図書館へ行って司書の話を聞いている子もいれば，ボランティアと一緒に読書をしている子，少人数で担任から話を聞く子など，それぞれの形の学習を進めている。もちろん，時間帯によっては，同じ時間帯に，理科の実験，家庭科の実習，図書室で本を読むなど，多様な活動を展開している場合もある。昼食はカフェテリアで取り，下校時に，また，学級に集合する形である。

ニュージーランドのオークランドで，子ども調査を実施したことがある。1 回目の調査の折，教育事情の違いに気づくのが遅れ，調査は失敗に終わった。5 年生の調査を予定していたのだが，「何歳の子を考えているか」といわれ，日本の感覚で「11 歳」と答えた。しかし，実際に調査を始めてみると，11 歳の子の所属する学年が，3 年生から 9 年生まで散らばっていた。聞いてみると，入学年齢がばらばらな上に，学力による飛び級や留め級が一般的なので，同一年齢の子が固定した学級を作ることはないという。日本的な感覚だと，飛び級は晴れがましく，現級留め置きは恥ずかしい感じだが，親たちが「うちの子はゆっくり型だから」と，進路の遅れを気にしていないのにも驚いた。そして，どの子どももマイペースの進度で学習を進めていた。

もっとも，日本でも，レベルの同じ子が同じクラスに籍を置く形態は，スイミングスクールなどでは一般的な形だ。それに，学習塾でも，学力

## I　子どもの学校生活

による組み替えが行われている。また，近年，高校では「特進クラス」などの進路別クラスが一般的になった。たしかに，学習指導に限っていえば，同一レベルの子どもを集めた方が，指導もしやすいし，成果も上がる。したがって，現行の学級のように，学力もさまざまな多様な子を集めて一つの学級を作る方が無理という気もする。子どもの学力を伸ばしたいのなら，小学校でも，学級の枠を外し，それぞれの子に応じた学力別編成を進め，さらに，飛び級も採用すべきなのかもしれない。

　しかし，学力差への対応は小学生期からでなく，中学校，そして，高校生になってからで，充分に間に合う気がする。小学校期には，学習も大事だが，それ以上に，子どもに集団生活の体験を積ませる場であって欲しい。20数人規模の学級の中で，担任の指導の下に，それぞれの子が個性を発揮し，たがいの個性を認めながら，体験を共有していく。そして，基礎的な学力も習得する。それが，21世紀の小学校の理想の姿のように思われてならない。

# 3　学級委員

## 「学級のリーダー」になりたくない

　小学校教師と話をすると，学級委員を選ぶ時の学級内のしらじらしい雰囲気がたまらなく嫌だという人が多い。何人かの子が元気に立候補をしてくれたら，立候補の理由を語らせ，それを，聞いたみんなが投票をする。それなれば，子どもが民主主義を学ぶ良い機会になると思うのだが，誰一人手をあげない。結局，他薦の感じで，もりあがらないままに，学級委員が決まる。

　中学生1200人を対象として2015年に実施した体験調査の中で，リーダー体験の有無を尋ねる項目を入れてみた。その結果によると，学級委員や児童会の役員を「1度も経験したことがない」者が72％に達する。「1度だけある」が16％で，「2，3回」が5％，「何度もある」は7％だった。どうやら，子どもたちは，「リーダーとは無縁」の7割と「自他ともにリーダー」の1割強に，両極化されている印象を受ける。

　念のため，リーダー体験とリーダー願望との関連を調べてみた。その結果によると，リーダー体験のない子は，「まったく」の46％を含めて，「リーダーになりたくない」子が77％に達する。それに対し，リーダー体験の豊富な子が「リーダーになりたい」割合は，「とても」37％を含めて，82％に達する。分析するまでもなく，リーダー経験者は，「リーダーになりたい」と答えるのに対し，リーダー体験のない子はリーダーになる気持ちは「まったく」ないという。

　何人かの中学生に話を聞かせてもらった。雑談をして和んでいる内に，リーダー格の子に対するホンネが出てきた。「目立ちたがり屋」や「いいカッコしい」，「先生へのオベッカ」など，散々な評価だった。言葉は

さまざまだったが，学級委員などをしている子は孤立した目立ちたがり屋で，黙ってはいるが，我々が多数派という感覚らしい。たしかに，非リーダー群には，リーダー格の子に対する反感という形での連帯意識が存在する。そうした反発の影に，目立つ子に対する嫉妬の気持ちが垣間見られる感じがした。

### 子どもの統率者としての級長

こう見てくると，学級委員の人気は低く，多くの子どもがリーダーに背を向けているような印象を受ける。しかし，明治から第2次大戦まで，学校では級長制度がとられ，級長は子どもたちの憧れの的だったといわれる。

級長制度は，明治20年代，学校教育が成立する過程で，学級を統括するリーダーを担任が任命する形で登場する。この明治20年前後は森有礼文相が学校制度の整備を進めていた時期で，その際，エリートには自主性を認めつつ，民衆には教育勅語や御真影に対する従順を求める2元的な政策を実施した。その際，小学教師を養成する師範学校では，軍隊をモデルにした兵式体操を進めた他に，連帯意識の形成や秩序尊重の必要性を説き，生徒管理のシステムとして伍長制度を導入している。軍隊風にいえば，伍長は兵隊と将校の間に立ち，兵隊を統率すると同時に，将校に兵隊の事情を上申もする中間管理職的な存在である。そして，小学校の学級組織を作る際，師範学校をモデルに，伍長的な役割を果たす存在として設定されたのが級長制だった。

各県の伝統校の学校史には，級長規定が掲載されている場合が多いが，1例として，長野県東筑摩郡躁宗賀小学校の「級長心得」（明治20年）をあげるなら，「級長ハ品行方正温良ニシテ学術ニ勉励シ，諸事級中ニ超絶シ他生徒ノ模範タルベキ事」の規定に続いて，①授業の始めと終わりの声かけ，②持ち物の点検，③学級内の秩序の管理，④学級内の備品の点検などの役割が明示されている。また，同じ長野県の下高井郡日野

小学校の「級長心得」（明治22年9月）によれば，級長は「各級ニ於テ学力品行共優等ナル者」で，学級の「百事善良ノ模範」（第1条）を示すと同時に，「集合解散礼式及ヒ監護忠告」（第2条）を掌ると定められている。それと同時に，「善良ノ行為」をする子を担任に報告（第6条）すると同時に，注意をしても，「指揮ニ従ハサル者」は「受持教員又ハ校長ニ其旨ヲ報告ス可シ」（第7条）と規定している。（『長野県教育史・第11巻　資料編5』1976年）

　また，新潟県の北魚沼小学校は明治20年の創立だが，初代校長の丸山恭二郎校長は，開校式の挨拶で，細かな学校経営指針を発表している。その中で，「生徒ヲシテ喜デ規律ヲ尊守セシムルハ，生徒自身ヲシテ其事ニ任セシメ，自ラ人ヲ卒ユルノ心ヲ生セシムルヨリ善キハナシ」として，学年に什長，学級に伍長を置く構想を提案している。そして，伍長は学級の「総代表」として，教室内の「指揮管理」や問題のある子への「忠告」，争いの「仲裁」をするだけでなく，学級の子が全員下校するまで，「独リ先ニ帰宅スルヲ得ス」。その代わりに，他の子のする「課役ハ免除」と定めてある。（『小千谷小学校史・上巻』1977年）


### 級長への子どもの憧れ

　明治20年代は，就学する子どもも少ない状況なので，級長規定は大都市のトップクラスの学校で実施されたモデル的な規定にすぎなかった。しかし，明治30年代以降，小学校への就学が定着し，学校が整備されるにつれ，級長制度が全国的に定着することになる。

　大正時代に小学校生活を送った子どもは，級長について，さまざまな思い出を語っている。

　人権派弁護士として活躍した鈴木忠五（明治34年，東京の王子育ち）は，3年生の時，級長の子が転学し，忠五は副級長に任命された。クラスの子は「通信簿に丙があるのに副級長になるなんておかしい。山口先生がひいきにしている」と噂した。忠五もそう感じていたので，図画を

# I　子どもの学校生活

頑張り，2学期末には図画だけが乙で，残りは全甲になった。そして，級長と相撲の強い親友と3人で，真田十勇士を真似て，「3学年の3勇士」を自称し，弱い者を助けるために働こうと誓った。その後，忠五の成績が良くなり，6年生の時は「1学期の始めに，1年間つづける級長と副級長の選挙があって級長」に選ばれている。（鈴木忠五　『幼時追憶記』金沢書房，1978年）

　また，作家・村上信彦（明治42年，東京の下谷育ち）は，4年生の時，担任の先生が「成績優秀な生徒を男女2人ずつえらんで，横須賀まで軍艦の見学に連れていってくれた」。信彦は級長なので，同行しているが，「横須賀までの電車賃や何やら，みんな先生が自腹を切った」というが，「夢のような思い出」で，「半世紀たった今日まで，これら先生の面影はなつかしく私の胸に生きている」と回顧している。（村上信彦『大正・根岸の空』青蛙房，1977年）

　昭和の話になるが，古本屋主人の青木正美（昭和8年，東京の葛飾・堀切育ち）は，頭がゼッペキだと，ひどいいじめを受けるが，いじめっ子は勉強が苦手で，宿題をやってこない子で，授業中は小さくなっていて，「休み時間にならなくては得意な才能を発揮出来なかった」。その後，3年生になる頃から，正美は勉強ができるようになり，副級長に任命され，先生が「緑色の，まぎれもない副級長のシンボルであるレリアンを固く編んだようなリボン」をくれた。嬉しさを隠しきれず，帰り道で友だちに会うと，「俺，今度これなんだ」と見せると，「へぇぇ，すげえなあ」と驚いて，喜んでくれた。（青木正美『東京郊外昭和少年回顧』　自家製本，1977年）

　その他の学校でも，級長は「学力品行共ニ優等」の規定が見られ，級長は常に学級の中で模範的な行動をする存在だった。そして，担任から，胸につける記章が級長と副級長に渡されるので，級長は，誇りを持って，学校の内外で模範的な行動をとったといわれる。

### 級長選びに対する疑念

作家の大岡昇平（明治42年，東京の渋谷育ち）は，小学低学年の内は乙が多く，父親から「乙平」とからかわれるが，4年位から成績が上がり，5の時に級長になる。昇平は勉強よりメンコや石けりなどが得意な子で，「クラスの模範たるべき級長がメンコをするのは，無論いけないこと」と思いつつ，メンコに興じている。しかし，「富裕な父兄から付け届けとか，家庭を訪問して酒を供され，その生徒に対する採点を加減する者もいた」ので，教師に対する「不信と警戒心」を抱いたという。（大岡昇平『少年』筑摩書房，1975年）

また，ユーモア作家の玉川一郎（明治38年，東京の本郷生まれ）の4年生の時の級長は鈴木善次郎だった。一郎によると，クラスに2人の鈴木がいたが，担任の先生は「一人の方は『鈴木』と呼び棄てにしたが，もう一人の方は『善次郎さん』と，さんづけで名を呼んだ」。善次郎は50人クラスの中で3人しかいない洋服を着ている金持ちの家の子で，父親は保育会（今のPTA）会長をしていた。それだけに，子どもたちは「ひいきしてヤンの」と陰口をきいたという。（玉川一郎『大正・本郷の子』青蛙房，1977年）

『黄金バット』の作画で知られる加太こうじ（大正7年，東京の浅草生まれ，尾久育ち）は，唱歌が苦手で乙，あとの教科は抜群にできたが，卒業するまで，「全甲」が前提となる最優秀は取れず，クラスで4,5番の成績だったが，4年生の時に副級長になり，5年生の時は，級友の支持を得て，級長になった。勉強の成績だけなら，鯨井君の方が級長だが，鯨井君は教室でメンコをするのに反対するようなまじめ一辺倒なタイプだった。そのため，級友は一緒にメンコをしてくれるこうじを級長に選んだ。実際に，自習の時間などでは，こうじが先頭をきって，イタズラ大会などを行っている。こうじの事例は尾久西小学校では，級長が担任による任命制でなく，子ども相互の選挙によることを示している。

もう少し，こうじの事例を紹介すると，5年の終わりに進路調べがあっ

た。50 人強の友だちの中で，中学に進むのは地元の府立四中と私立中
学へ進む 2 人だけで，月謝が 2 円かかる高等科に 10 数人が進み，その
他の 30 人以上は「6 年生を終えると住み込みの店員になったり，町工
場へ見習工としていったり，家業をつぐために職人の見習いをする」進
路を選んでいる。

　6 年生の時の選挙でも，友だちはこうじに投票してくれたはずだった。
しかし，「先生は票をかんたんに調べると開票しなかった。そして，翌日，
先生の任命で，級長は鯨井，副級長は村上にするといった」。こうした
動きの背景に，6 年生の中で，名門の府立四中を志願するのは鯨井君だ
けで，小学校としては，何としても鯨井君を府立四中へ入学させたい。
そのさい，全甲の鯨井君が級長でないのは仲間から信頼されていないこ
とになり，進学のさしさわりになる。そこで，校長からの指示を受けて，
担任が父親を訪ね，級長を鯨井君に譲って欲しいと頼んでいる。もちろ
ん，子どもたちは教師のそうした細工を知っており，直接，担任に抗議
をした仲間もいた。後日談になるが，卒業 30 年後の同窓会で，旧担任
は昔の教え子たちに「あの時に頑張れなくて申し訳なかった」と謝って
いる。（加太こうじ『少年画家ひとり町をいく』ポプラ社，1977 年）

　子どもの中では，級長は晴れがましい存在で，それだけに，上述した
ような教師の動きは子どもの心に大人に対する不信感を植え付けること
になる。もちろん，子どもが抗議しても無視されるだけだが，そうした
無念の思いは後まで心に残る。教師への不満を綴った事例は，その他の
自伝の中でも見かけることができる。

　その後，大正時代に民本主義の広がるにつれて，級長の任命制に疑問
を持つ学校が増え，特に，大正自由教育の流れの中で，級長を選挙で選
ぶ学校が増加する。その一方，中学入試が激化すると，級長が内申上で
重みを持つようになり，加太こうじの事例のように，級長を受験生に割
りふる学級も見られる。

## 民主社会での「平等」の落とし穴

　敗戦後，教育の民主化の進む過程で，級長制の教師による任命部分が軍国主義的な色彩が強いとみなされ，アメリカ流の選挙による学級委員制が導入された。その過程で，級長的なリーダーが固定されるのを避けるため，正副男女２人の委員を，年間でなく，学期ごとに選ぶ。しかも，再選を禁じる学級が多かった。その結果，持越し学級の次年度になると，学級委員をできそうな子どもが見当たらない状況も生まれる。そうなると，学級委員はお世話係り的な役回りとなり，学級委員に魅力を感じられなくなる。というより，委員をやりたくない子どもが増える。そうした流れの中で，冒頭でふれたようなしらけた学級委員選びの状況が生まれる。

　たしかに戦後の民主主義化の過程で，それまでの上意下達的だった社会秩序に対するアンチ・テーゼとして「平等」が大事にされたのは理解できる。それと同時に，社会的な弱者に対して手を差し伸べる機運も高まった。その反面，社会的な強者を作ることに対する嫌悪感が強まる。その結果，誰かが特出するのを避け，全員が横並びという奇妙な学校文化が誕生する。

　「横並び」の文化は，現在の学校のさまざまな面で見ることができる。その１例が運動会の徒競走であろう。昔話になるが，運動会の徒競走で１等になると，校長先生の前に行き，学校名の入ったノートや鉛筆をもらったものだ。その晩は，嬉しくて，ノートを枕元に置いて寝たのを思い起こす。

　しかし，現在では，１等になる子が決まっているのは，その他の子にかわいそうだという声が大きくなった。そこで，運動会の前に全員の記録を取り，同じレベルの子を組にして走らせる形が定着する。考えてみると，昔のように背の丈順に８組でスタートすると，それぞれの組から足の速い子８人の勝者が出る。それに対し，現在の仕組みは一見良さそうだが，遅い方の組の１番になってもうれしくないし，トップの組は，

I　子どもの学校生活

本当に早い一人の子しか1等になれない。勝者が一人だけに減った上に，その勝者に1等賞の褒美もない。それに，遅い組のビリの子は，本当のビリになってしまう。そうなると，優劣の評価を避けるのには，徒競走そのものを止めるか，偶然性も加わる障害物競走に代えるなどの対策が必要になる。

　「平等」の尊重は，運動だけでなく，勉強の評価にも見られる。甲・乙・丙は古すぎるとして，優・良・可を例にすれば，優の上に「秀」があって，通信簿に秀があると天に昇る心境だった。しかし，現在では，5段階の評価は学校の指導要録（非公開）にとどまり，通知表上は3段階の評価をとっている学校が多い。中には，2段階評価という地域もある。そうなると，「よくできました」が8割を超える。勉強の苦手な子を傷つけまいとする配慮は分かるが，成績が良くても評価してくれないので，勉強をする気が薄れる。その結果，学業成績に差をつけない平等主義の許では，勉強を頑張ろうとしない無気力な子が増加することになる。

　そうした流れの中で，学級委員も，順番にどの子にも回ってくるが，おしまいの方に学級委員になってもうれしいと思えないし，最初になった子は2度となれないから，学級委員に無関心になる。その結果，冒頭でふれたように，学級委員選びに冷めた雰囲気が広まる。


## 「今週の学級のスター」を掲示

　シアトルの小学校を訪ねた時，正門近くの大きな掲示板に顔写真入りの文書がずらっと掲示されていた。見てみると，「今週の学級のスター」で，学級ごとに，名前入りの顔写真の下に担任の直筆で，「ジェニーが校庭で倒れた時，すぐに駆けつけて助けた」や「国語の時間に大きな声で文章を読んだ」などの理由が書かれていた。なお，掲示版の上半分には，「今週」より4倍の大きさの「今月のスター」写真が，担任の理由付きで貼られていた。「今月」は「今週」よりも大きい上に，長期間貼りだされるので，貼られた子どもは誇りにし，掲示期間が終わった後，どの

37

子も担任から写真をもらい，その写真を大事に家へ持ち帰るという。なお，中央には，「今月」の倍位の大きさの「学年のスター」写真も貼られていた。

　この学校は在留邦人の紹介で訪ねたが，その人の子が5年と2年に在籍していた。お兄ちゃんが，半年ほど前に「算数の計算が得意」で，今月のスターになり，お祝いの食事をした。兄を羨んでいた妹も，先月，「たくさんの友だちができた」で「今週のスター」になり，ご機嫌が直ったが，次は，お兄ちゃんと同じの「算数が得意」で「今月のスター」になるのが目標だとか。PTAの親たちの中でも，「スター」は話題になることが多く，どの親も，月曜の朝に貼りだされる「今週のスター」に興味津々だと聞いた。

　学校の1年間は30週位あるから，20人くらいのクラスの場合，1年に1回位は「今週のスター」になれる。そのさい，担任が，個々の子どもを見て，隠れた特性を引き出して，表彰すれば，どの子も自信を持てるようになる。

　別の学校で，児童会のリーダーを選ぶ選挙を見たことがある。昼休みに，鳴り物入りで，数人の支持者をつれた候補者が登場する。青い布を首に巻きつけたグループもあれば，ひまわりのワッペンをつけたグループもある。サポーターが激励の言葉を述べ，その後，本人がショートスピーチ。周りに子どもの聴衆が居て，拍手をしたり，野次を飛ばしたりしている。大統領選挙の小学校版を見ているようで，楽しかったが，草の根の民主主義に接する思いがして，感慨深いものがあった。

　それぞれが個性的に活動し，それを学校が支える。走るのが得意な子はスポーツ・デイで活躍すればよい。音楽の得意な子は音楽の時間のスターにしよう。友だちに親切にする子も機会を選んでほめたい。そして，どの子にも，学級生活のどこかの場面で出番を用意する。そうした形で，機械的な平等から脱して，個性化へと発想を転換する。それが，学級を預かる学級担任の責務であろう。その際，クラスのリーダーとしてどう

I　子どもの学校生活

いう子が望ましいかを子どもに考えさせ，リーダーを選ばせる。それと同時に，リーダーに明確な責任と役割を与える。そうした形で，子どもに民主主義を理解させる大事な手段として，リーダー選びを位置付けてはどうかと思う。

　いずれにせよ，日本の子どもたちは，個人としての意思表明を避けるようになった。アメリカの社会学者・リースマンが，「孤独な群集」の中で，他者の意向ばかりを気にする他人指向型社会の危機を訴えたのは1950年だった。サイレントマジョリティは良識派といわれることもあるが，沈黙している内に，発言の自由が失われる状況を招きやすい。たかが学級委員の選挙だが，されど，そこに，民主主義の危機の影を感じるのは，戦後焼跡闇市派世代の杞憂なのであろうか。

39

# 4 担任の先生

## 男の子と女の子が反発するクラス

小学校の教員をしている教え子が研究室を訪ねてきた。教師になって8年目で，昨年から，5年生の担任になった。しかし，1年近く経ったのに，学級の中がよどんだ感じで，笑い声が聞こえてこないという。

大学時代の彼は教員養成大学では珍しい柔道3段の腕前で，地元の強豪校・天理大学と互角に戦える唯一の存在だった。卒業後も母校の柔道部の顧問をしながら，学校では，授業前に子どもとドッジボールをしたり，放課後もバドミントンをしたりする熱血教師で，子どもに慕われる教師だと思っていた。

それだけに，彼の悩みが意外だったが，クラスへ行き，子どもから話を聞くと同時に，簡単な調査を実施することにした。その結果によると，32人のクラスの内，担任を「好きになれない」と答えた子が13人（40.6％）を占めた。その内，10人が女子だった。子どもから話を聞くと，「同じトレーナーをずっと着ている」，「無神経に頭をさわる」，「太っていて，近づきたくない」など，多感な女子らしい嫌悪感を語る子が少なくなかった。彼の名誉のために補足するなら，クラスの中の15人の男子は，彼の熱心なサポーターだった。「ゾウさん——彼のニックネームらしい——は面白い」，「汗をかきながら，最後まで，ドッジボールをしてくれる」，「ゾウさんは頼んだことを必ずやってくれる」などである。そうなると，彼のクラスは，男の子を中心とする熱心な親衛隊とそれに反発する思春期の女の子とに学級が2群に分かれ，互いに反発する構図になる。その限りでは，彼の心配は杞憂でなかった。

彼に分析した結果を話した。教員をしている奥さんの助言もあって，しゃれたトレーナーを買い，それまでの女子への呼び方も「山本」から

「美恵ちゃん」へ改めた。さらに，通勤の合間に女の子の好きな音楽を聞くなど，女の子理解に努めたという。半年後，もう一度，ゾウさんのクラスを訪ね，以前と同じ簡単なアンケートを実施したら，「先生が嫌い」は3人（9.4%）に激減していた。しかも，女子の「嫌い」は1人だった。半年間の努力で，ゾウさんは，女子にとっても，よい教師に変身したらしい。吉報を伝えると，「怖いのは奥さんだけではないのですね」が，彼の感想だった。

### 担任の長所と短所との狭間

ゾウさんの事例は，教育社会学を専攻する私にとっても衝撃的な意味を持っていた。私の目には熱心な教師に見えるゾウさんも，熱意がから回りして，子どもが退くこともあるらしい。そこで，彼と同学年の教え子15人に，同じような調査を実施することにした。

その中で，ゾウさんと同じような事例に出会った。彼女は，ピアニストの母，作曲家の父，姉はバイオリニストという音楽一家に育った。そして，彼女もフルートの達人だったので，5年生を受け持って1ヵ月後，子どもたちの作った詩に曲をつけ，朝の集いの時に，フルートで伴奏しながら，全員でクラスの歌を歌うことにした。このミセス・フルートのクラスは，17人の女子の内，15人は「先生大好き」という感じだった。その一方，16人の男子の内の9人は，「女の子ばかりヒイキをする」，「フルートは大嫌い」と反発を強めていた。特に，5年生になると，変声期に入り，男の子の中には高音が苦手の子も増える。それだけに，男子の中に，ミセス・フルートの女子親衛隊に強い反発心を抱く子がいた。

この2つの事例は，教師の陥りがちな錯覚を示唆している。ゾウさんはスポーツマンなので運動好きの子にとっては良い先生だ。しかし，運動の苦手な子は自分を理解してもらえないと思う。それと同じように，ミセス・フルートは音楽好きの子の憧れの的にはなるが，音楽に無関心の子は，ヒイキの群れから疎外されている自分を感じる。

教師の持つ長所は，同時に，短所に通じる。そうなると，担任として，クラスのどの子にも気を配り，すべての子を支えるというのは簡単だ。しかし，全員から慕ってもらえるのは，かなりの難題のように思える。それならば，学級のどれ位が支持したら担任の合格点なのか。

　ゾウさんやミセス・フルートと同学年の教え子 15 人を対象とした調査では，子どもからの支持率は 6 割にとどまった。教え子たちの教師としての指導力は，身びいきもあるとは思うが，子どもを大事にする優秀な教員だと評価している。それでも，アンチ担任の子が 4 割に近い。もっとも，教室にはさまざまなタイプの子がいて，担任の一挙一動に注目している。となると，一定数の批判層が生まれるのは避けられないのかもしれない。みんなから慕われる姿は教師の理想像だと思う。しかし，現実問題としては，学級の 6 割の子の心をつかんでいれば，担任として，最低ラインに達していると思うようになった。

### 子どもに声掛けをする教師

　しかし，15 学級を手掛かりとした支持率が 6 割という数値をどの程度一般化できるのか。そうした疑念から，広い対象の子どもに担任への評価を尋ねたいと思うようになった。そこで，多くの教師たちの協力を得て，小学 4 年生以上の 82 学級（2407 人）で，子どもたちの担任に対する気持ちを尋ねることにした。その結果によると，「A 先生が担任でよかった」という声が 9 割以上の教師は 16 人（19.3％）にとどまった。しかし，7 割以上の子から支持されている教師は 49 人（59.8％）に達した。したがって，多くの教師は子どもの心をとらえていることが分かる。そして，子どもからの支持率が 5 割以下は 18 学級で 22.0％にとどまった。なお，83 学級の最下位の教員への支持率が 12.2％で，33 人の子の内，「先生が好き」な子が僅か 4 人にとどまり，残りの 29 人は「先生，嫌い」と答えていた。

　この調査は「先生に受けもらってよかったか」を尋ねるものなので，

I　子どもの学校生活

自分の教育実践に自信を持てない教師は調査に協力しにくい。そうだとすると，82学級は意欲的な教師のデータで，一般の学級を対象とした場合，支持率が5割以下は22.0％でなく，3割を越え，4割に近いのではないかと危惧している。

　それでは，子どもからの支持率が9割以上の教師と5割以下の教師とで，教師のしていることにどんな違いがみられるのか。両群を対比する形で結果をまとめると，表3の通りとなる。

表3　支持率の高い教師と低い教師がしていること　　　（％）

| 支持率90％以上の教師がしていること | | 支持率50％以下の教師がしていること | |
|---|---|---|---|
| ①「頑張ったね」と励ましてくれる | 27.9 | ①厳しく注意することが多い | 11.7 |
| ②先生が何度もほめてくれる | 21.2 | ②先生が約束を破る | 10.8 |
| ③先生の方から挨拶してくれる | 18.7 | ③いくら手をあげても指さない | 9.3 |
| ④感激するような話をしてくれる | 14.9 | ④先生から傷つくことをいわれる | 8.9 |

　数値は90％以上の教師－50％以下の教師の差（「とてもそう」の割合）。
（深谷昌志『好かれる教師はどこが違うか』明治図書，1997年）

　子どもから支持される教師は，「頑張ったね」と子どもに話しかけるだけでなく，教師の方から「おはよう」と声をかける教師でもある。それに対し，子どもが敬遠するのは，自分は約束を破るのに，子どもに向かって，傷つくことをいい，口うるさく文句ばかりいう教師である。どうやら，子どもは，担任の先生に教え方のうまい下手ではなく，人間味のあるコンタクトを望んでいるらしい。

　この結果について，調査ティームで話し合っている時，教師の一人は，「子どもは無理をいうな」と嘆いていた。「子どもの甘えだ」という声もあった。30数人を相手に授業をし，事務処理をしながら，明日の教材の準備をする。3時過ぎに会議が開かれる。となると，子どものことが気にかかるが，つい後回しになってしまう。20人学級なら対応が可能

43

だという声が多かったが，それは教師の事情で，子どもの声にも真実が含まれているのを感じた。

## 地獄の学級と天国の学級

自伝を読んでいると，小学校時代の教師についての思い出を書いている人が少なくない。

あまり古い時代を避け，現代の教師についての2つの対照的な事例を紹介しよう。

俳優の的場浩司（昭和44年，埼玉県上尾市生まれ）にいわせると，3，4年生の担任が最悪だったという。「担任の先生は超体育系教師だったんだ。殴られるのはもちろん，体罰だけでなく，精神的な罰を与えるのが好きな人」で，特に浩司のいう「チンコロ入れる」が好きだった。「チンコロ」とは「チクル」からきたのであろうか，「1日の終わりの反省会で生徒同士がチンコロ入れるというひどいシステム」だった。

「今日，的場くんが掃除をサボりました。どうしてですか？」，「今日，的場くんが私をバカと言いました。どうしてですか？」と言い合う「告げ口大会」だった。苦し紛れの弁明をしている内，担任が声を上げる。「判決，お前は一人で一番後ろの席に行って，明日から1週間，誰とも口をきいちゃいけません」。1週間も口がきけないので，誰かとちょっと話すと，「今日，罰を受けているはずの的場くんが，こっそり誰々くんと話してました。どうしてですか？」のチンコロが入り，「判決。明日からさらに1週間，誰とも口をきいちゃいけません」となり，今度は廊下での1週間となる。

「クラスの雰囲気はいつだって最悪。だって常に見張られているような状態だったからね。だからその頃の思い出なんて，ひっぱたかれた記憶と口をきいてもらえなかった記憶しかない」のが学級の思い出だという。（的場浩司　『ティアラへ　めざすはゴッドパパ』集英社，2002）

この担任は融通のきかないタイプで，チンコロが告げ口の場となり，

44

　　　　　　　　　　　　　　　　　　　　Ⅰ　子どもの学校生活

子どもの心を暗く委縮させるなどと考えないのであろう。そして，良い
子のいるクラスを作ろうとし，結果として，子どもの心を暗くしている。
そこで，「チンコロ先生」と対称的な事例を紹介しよう。

　小田かなえ（昭和32，東京の板橋育ち）は，小学校時代の教師に恵
まれていたと回想している。4年生の時の担任は，友だちと遅くまで校
庭で遊んでいると，遊んでいる子どもの人数を数え，かなえたちを呼ん
で，「学校の近くの和菓子屋さんまで，人数分のお団子を買いに行かせ
る」。そして，「こんなに遅くまで遊んでいたら，おなか空いちゃうでしょ
う」といいながら，お団子を配ってくれた。

　かなえによれば，その頃，理科室でお酒を飲んでいる先生もいた。し
かし，かなえは，当時のことを「先生方は，酔っぱらっていようと，児
童のお尻を撫でようが，いざというときには身体を張って，子どもたち
を守ろうという気概にあふれていた。だから，子ども本人はもちろん，
親たちも安心して，我が子を任せられたのだろう」と回想している。

　そして，卒業期を迎え，かなえは在校生代表として卒業式での送辞を
読む係に選ばれた。その時，男の子が「オマエはお父さんがいなくてか
わいそうだから，先生に贔屓されているんだ」とかなえをひやかした。
実際にかなえの両親は別居していたが，彼の発言を耳にした担任は「み
んなの前でその男子を張り倒した」。当時の先生は，けっこう平気で子
どもを殴ったものだが，この時の先生の剣幕は並み大抵ではなく，「当
事者の私としては，いたたまれない思いだった」。（小田かなえ『隠し子
さんと芸者衆』文芸社，2010年）

　この挿話は考えさせられる内容を含んでいる。子どもに暴力を振るっ
たのだから，現在だと，マスコミの俎上に上りそうな行為だ。しかし，
この光景を見て，子どもたちは「弱いものいじめはするな」や「卑怯な
ことはするな」という気持ちを強く持つのではないか。子どもを守り，
子どもの心を育てる教師だが，そうした熱血漢タイプの先生は姿を消し
た。そして，お行儀のよいサラリーマンタイプの先生が増えた感じがす

45

る。

## ガリバーとしての担任

考えてみると，学級の中にいる大人は担任だけで，あとは子どもしかいない。隣の先生も授業に忙しいし，教頭先生が教室に顔を出すことはない。いわば，密室状態である。しかも，担任は，30人ほどの子どもを毎日何時間も預かり，そうした関係が，何ヵ月も続いていく。というより，学級担任は2年間の持ち上がりを原則としている。したがって，担任は学級という子ども集団に君臨する巨人，いわば，リリパット（小人国）の中のガリバー状態となる。しかも，担任は子どもを教育するという権力を手にしている。もちろん，多くの教師は，しっかりとした教職意識を身につけているから，周囲の目がなくとも，教師として見識のある行動をとるとは思う。

専門職の場合，専門的な知識や技術を土台として，治外法権的な権限を持ち，その権限が社会的に承認されることが専門職が成り立つ前提となる。医師の場合,医療行為のできる人は医師免許取得者に限られるが,われわれが医師にかかる時，医師の出身大学や専門を知らなくとも，専門的な知識に基づいて最善を尽くしてくれると信じて，処方された薬を飲み，手術を受ける。実際に，患者は，多くの医師がその医師なりのベストを尽くしているのを感じているから，医師の専門性が成立する。それと同じように，弁護士についても，専門的な見識を信頼して，クライエントは弁護士の指示に従う。教職を専門職といえるかどうかはともあれ，教室内の教師も，自分の教育理念に基づいて，教師として最善を尽くしている。したがって，密室のガリバー状態であっても，教師による権威の乱用を心配するのは杞憂なのであろう。

「2　学級」の項でふれたように，教育学部の教師となった頃，附属小などで，授業を見る機会が多い暮らしを送った。その付属小では，昭和40年代後半，「模範授業」が定期的に開催されていた。授業のうま

さに定評のある教師を招き，学級を預け，特定の単元の授業をしてもらうのである。鉄棒指導の名人の授業では，1講時の内に，どの子もが逆上がりができるようになるし，跳び箱指導の達人が受け持つと，全員が5段をクリアーする。手品でも見ている感じだが，鉄棒を例にとれば，足の蹴りや手の握り，アシストのタイミングなど，小さな工夫が凝らされていた。そうした授業を見ると，子どもが逆上がりをできないのは教師の指導力不足だと感じた。もちろん，体育以外でも，作文指導の達人や分数の授業の名人など，蓄積されたノウハウを駆使して，子どもを導いていく匠の姿があった。

　こうした達人に限らず，昭和30年代に教員生活をスタートした教師は，授業技術を磨くことに専念し，どの教師もその人なりの「十八番の授業」を持っていた感じがする。「ごん狐」の読解や円周率の算出などの得意な教材を公開授業の時に披瀝して，授業に磨きをかける。その授業を見て，他の教師も自分の授業に工夫をこらす。そうした教師相互の切磋琢磨を通して，日本の授業の質が確保されていたように思う。

　しかし，戦後の教育を支えた団塊世代の教員が教育界から姿を消し，授業のうまさに教職の専門性を求める日本の教育遺産も転換期を迎えている。その代わりに，子どもがPCを持ち，教師も電子黒板を駆使して，授業を進める姿を見聞きすることが多くなった。アナログからデジタルに教室内も変わった感じだが，IT化こそが教育を変える正道と説く教師も見かける。しかし，現在の子どもは個としての暮らしに慣れ，集団での行動を苦手としている。そのため，学級生活に伴ういじめや不登校などが増加している。それだけに，特に，小学校の場合，教師に求められるのは，教え方のうまさ以前の問題として，一人ひとりの子と向き合い，子どもの心の内を理解できる力を身につけることだと思う。


## 子どもの心に残る教師

　危機管理の専門家として知られる佐々淳行（昭和5年，東京の麻布

育ち）は，2年生までは良い先生に合わなかったが，3年の2学期に東京高等師範を卒業し，小学校に奉職先を選んだ若い担任が赴任する。そして，「何くそ」と「邁進」を級訓として，次々と熱心に指導に取り組む。まず，全員が25メートルを泳げるように特訓を始める。熱心な指導の末，クラスの59人全員が泳げるようになると，次は，鉄棒の逆上がりに全員が挑戦した。先生が模範を示し，励ましてくれるので，どの子も自分から挑戦して逆上がりを習得していった。

　そうした運動だけでなく，その他の面でも，工夫を凝らして，子どもを指導している。例えば，何人かずつ先生の家に招かれて遊ぶ「逆家庭訪問」，あるいは，当時としては最新の幻灯機を持ってきて映画や幻灯を使って地理や歴史の授業をする。また，それぞれの子どもにしこ名をつけた相撲の番付を作り，小テストの結果をはりだす。「100キロマラソン」は校庭を10周で1キロだから，毎日放課後に3回トライすると，1ヵ月前後で100キロになるという試みである。そして，最初に100キロに達したのはスポーツの得意でない地味な子だったので，その子は一躍人気者になったという。

　この担任・伊東信雄先生は「生徒に自信をつけさせることがうまかった」。さまざまな機会に子どもの個性を認め，「生徒になにか見どころがあればそれをみんなの前で披瀝させ，ほめあげた」。だから，クラス全員が先生のファンになった。もっとも，逆家庭訪問だけでなく，休み時間や昼休みに子どもと積極的に遊んでいるから，そうした機会に先生は子どもの個性をとらえたのであろう。

　淳行は昭和17年に6年生になった。戦果が上がっていた時期だが，5月の地理の時間，地球儀で各国を紹介した後，「今度の戦争で，日本が勝つと思う者，手を挙げなさい」という。そして，子どもの顔を見ながら，静かに蒋介石の話をしてくれた。結論はいわなかったし，批判的な言葉も口にしなかったが，先生の厳しい表情が印象に残ったという。この先生は自宅で，当時厳禁だった欧米の音楽を楽しんでおり，当時の

48

I　子どもの学校生活

体制に反発する「筋金入りの自由主義者だった」と淳行は回想している。
（佐々淳行『戦時少年佐々淳行』文春文庫，2003 年）

　ここまで書いてきて，筆者の小学生時代の担任の先生について思い出を披瀝したくなった。担任は，のちに種谷扇舟という著名な書家になった人だが，千葉師範を出て，すぐに担任になってくれた。昭和 18 年，戦争が激化する中，先生は一人で，校庭の奥に学級農園を作った。それを見て，子どもたちもじゃが芋やトマトを作りに参加したが，作物が取れると，4 時間目を自習にして，先生が大きなバケツに味噌汁を作る。その日は，実家からたくさんのおにぎりを持ってきて，おにぎり 1 個とみそ汁を分配してくれるのが常だった。

　そうかと思うと，雨が続くと，机を片付け，教室で相撲大会が始まる。どの子も，本物の力士の名を借りたしこ名を持っていて，筆者は張出横綱の安芸の海だった。午後の時間を使って，全員が 2 番取り，一番良い相撲を取った子は，先生の彫った相撲人形をもらえた。また，日曜ごとに，5 人ずつ，上野の博物館や動物園につれて行ってくれたのも，思い出に残っている。電車賃位は親が払ったと思うが，昼はご馳走になった気がする，その日は 1 日先生と一緒なので，どの子も自分の順番が来るのを楽しみにしていた。

　そういえば，学級に重度の知的な障害を持った子がいたが，その子を 2 人目の副級長に任命した。怪訝そうな子どもに，種谷先生が「○○君は，絶対に嘘をつかない子だから，みんなで，副級長を守ってあげなさい」といった言葉は，今でもはっきり覚えている。

　今になって考えても，種谷先生は学級のガリバーだった。子どもたちは，先生の一挙手一投足を見て，先生をモデルに生きていた思いがする。そして，ある時期まで，そうした人間味のある人が教職についていた気がする。それだけに，子ども心に担任について大きな思い出を持つ人が多いのではないか。

　もっとも，種谷先生の実践の多くは，現在の学校では禁止事項であろ

49

う。授業を止めて，担任が味噌汁作りをするだけでも，処罰の対象となる。また，校区に中山の法華経寺があったので，毎月1回，ほぼ1日，境内で写生大会をやったが，これも，禁止事項であろう。しかし，子どもも親も種谷先生を信頼し，学級のまとまりも最高だった。そうした体験を踏まえて発言するなら，担任が教師としての自分の責任と判断で，子どもを指導する。そうすれば，子どもも教師を信頼しながら，成長することができるのではないか。

　現在の学校は，一般の方が思う以上に規則でしばりつけられ，オーバーにいうと，教師が自由に裁量できる時間は1分もない。といっても，指導主事も校長も，個々の教室の中に目を光らすことはできないから，結局，決められた通りの形式的な授業が行われることになる。そうだとしたら，原則として，指導の大枠は提示するにしても，教室の中のことは担任に任せるのが良いのではないか。この提案も無謀のように感じられるかもしれない。しかし，欧米の小学校を想起すると，きわめて常識的な提言にすぎない。国際化というのなら，学級は担任の責任で運営することを基本としてはどうか。なお，教師の暴走を懸念するなら，アメリカのように，保護者がチェック機能を果たせばよいのではと思う。

# Ⅰ　子どもの学校生活

## 5　修学旅行

### 追い立てられる感じの寺回り

　若い頃，奈良教育大学に 20 年程勤務していた。奈良は盆地なので，夏は暑く，冬は寒い。お水取りが終わって，春らしい雰囲気が漂ってくると，町に修学旅行の生徒の群れがあふれ始める。法隆寺や唐招提寺の周辺に大型バスが止まり，列を作って参観をする。しかも，1 日の内に大仏殿から薬師寺，浄瑠璃寺まで回ろうとするので，どこでも，見学時間は短く，追われるように次の寺に向かう。そして，夜は狭いもちいどの通りでお土産品を求める生徒の姿がある。奈良の場合，奈良だけの見学はまれで，多くは京都での観光と連動している。そうなると，奈良に入る頃は疲れが出て，バスに乗ると，すぐに眠り，起こされて，次の寺詣でをする感じになる。

　昔は，胸に氏名を書いてある制服を着て，学級全体で動いていることが多かった。黒の軍団という感じで，見ているだけで息苦しくなった。さすがに，近年は小グループに分かれ，自分たちが下調べをしたコースをたどるスタイルが増加している。私服の着用を認めている学校も多くなったが，日程に追われて行動している感じに変わりがない。

　奈良は有名な寺周辺を除くと静粛な町だが，観光シーズンの土日の京都は，人の群れで身動きができなくなる。清水寺や金閣寺もそうだが，雑踏の中，小中学生が名刹を参観する意味があるのだろうか疑問に思う。たしかに，法隆寺を見れば木造の建物というのは分かるし，大仏は大きいと思う。見たのは確かだが，それは，写真で見たものを確認しているだけで，それ以上の感慨はないのではないか。

　恒例の正倉院展が終わり，静寂を取り戻した時期に法隆寺を訪ねてみる。時期がやや遅れているが，「鐘が鳴るなり，法隆寺」が実感を持っ

51

て迫ってくる。また，厳寒の2月，人気のない薬師寺で，薬師三尊の前に立つと，如来の慈悲深さに吸い込まれそうな自分を感じる。贅沢かもしれないが，名刹巡りは季節外れに少人数でゆったりとした日程でするものだと思う。

### 歩く旅から汽車の旅に

　それでは，現在では恒例化している修学旅行はいつ頃始まったのか。教育史的には，交通の便がよくない時代の健歩（脚）会がルーツだといわれる。旧制中学では，藩学の流れをくんで夜間を含めた健歩（脚）会が持たれているが，舞鶴の明倫小学校の記録の中に，明治19年に実施された「健歩行」の記録がある。3年生以上の生徒が，「握り飯2つと草履1足を腰に付け」，「道足，早足，駆足」を混ぜながら，水無月神社までを往復し，夜の8時に帰校している。その後も，健歩行は毎年行われているが，明治28年に京都で第4回勧業博覧会が開催されることになり，その見学に，12泊13日の日程で，徒歩で京都を往復している。旅行業者からの「風呂付で1日20銭」の条件で，90人が参加，5月27日に「見送リトシテ来集セル生徒父兄親属町ノ吏員市内ノ有志者ハ校ノ内外ニ填咽セリ」。それに対し，生徒は見送りの人に「脱帽ノ礼ヲ為シ」，街中を行進してから，午前8時半過ぎに町を出て，京都へ向けて旅立っている。決死の大旅行である。

　明倫小学校では，その後，明治31年9月に宮津行きを計画している。しかし，この時は，行きに汽船（18銭）を利用している。5時半に港に集合し，7時に乗船，9時に宮津に着いている。28銭で1泊し，翌日は6時に宿を発って，陸路，念仏峠を越え，午後3時に帰校している。さらに，明治36年高等科卒業生の百田孝重は，35年の京都行き修学旅行について，丹波路を徒歩で歩き，園部まで来て京都まで汽車に乗ったと回想している。「珍しい事この上なく野も山も，雲も人も，家も皆どんどん後へ後へ飛んでいきました。」なれない汽車の旅で，酔っ

Ⅰ　子どもの学校生活

た子も多かったという。そして，「宿屋に泊まるのは初めての事ですから，楽しいことこの上なく，旅の疲れを忘れて騒」いだのが，生涯の思い出として残っているという。なお，地元に舞鶴駅が完成したのは明治43年3月で，新舞鶴・京都間は3時間40分，3等で1円2銭だった。（『明倫百年誌』1973年）

　その他の県でも，鉄道の開通につれて，修学旅行に汽車を利用する記録が見られる。三重県の場合，日本海側より鉄道の普及が早かったので，三重県朝明郡第一高等小学校では，明治23年12月に，開通した四日市—草津間の列車を利用して，3泊4日で京都旅行を実施している。（『三重県教育史・第1巻』1980年）

　東京に近い学校の事例を紹介すると，千葉県の野田小学校では，明治32年4月に高等科の生徒157人，教員7人，付き添い11人の175人で，26日の朝6時に集合し，船で安食へ。徒歩で成田まで，成田泊。27日は5時半に宿を出て，新勝寺参拝後，7時20分の汽車で佐倉へ。兵舎や地元の高等小学校などを見学後，1時50分の汽車で千葉町へ。千葉師範で講義やピアノの演奏を聞き，5時に師範を出て，海辺を散策し，宿へ。28日の1番列車で7時半に東京の本所着。浅草の浅草寺を見学後，上野へ移り，博物館を見学，女子は3時半，男子は5時の船に乗り，野田へ戻る。2泊3日の日程だが，現在では考えられない位に，朝早くから過密な日程で行動している。（『千葉県教育百年史　第3巻』1971年）

### 一生の思い出としての修学旅行

　日本の社会史の研究で知られる中村吉治（明治39年，長野県諏訪の朝日村育ち）は大正6年の修学旅行について，先生でも諏訪か松本位しか行かない時代に汽車に乗って，「長野から直江津までの2泊3日の大旅行」だったと回想している。山育ちなので，水平線も海も見た経験がないので，海辺についても「青い壁」のような感じで「波うちぎわ」が分からない。「これが海だと合点して皆と一緒に波打ちぎわめがけて

53

砂浜を歩いた。(中略)一斉に指を水にひたして，一斉にその指をなめた。『しょっぺい』という感嘆を皆が出しあった。」そして，地引網で引き揚げられた魚に，川魚しか知らない吉治はびっくりしている。そうした多くの未知の体験に出会った修学旅行について，「あれほどの驚きを感じたことはなかった」と回想している。(中村吉治『老閑堂追憶記』1988年，刀水書房)

　この時期，多くの子どもは歩ける範囲の地域の中で暮らしていた。それだけに，生まれて初めて汽車に乗り，海を見る。あるいは，大仏を目にする。そうした体験は一生の思い出に残るものだが，修学旅行の隘路となったのは汽車賃の高さだった。明治22年に開通した新橋─大阪間の普通運賃は3円56銭で，これは，東京の一戸建ての家賃の平均35銭の10倍，理髪5銭の70回分である。正確な貨幣価値の換算は困難だが，低く見積もって30万円，高く評価すると50万円程度となる。(週刊朝日編『値段の文化史事典　明治・大正・昭和』朝日新聞社，1988年)

　自給自足の暮らしを原則とする時代だけに，交通費は大きな出費となる。現在なら，小学生がノーマル運賃で，ヨーロッパ旅行に出かける感じであろうか。それだけに，修学旅行に子どもを参加させたくとも，旅費を捻出できないので，子どもを我慢させることが多かったといわれる。それでも，2，3年をかけて，費用を積み立て，一生に一度の旅だと，学校に頼み，親も行ったことのない旅に子どもを送りだす。それが，修学旅行だった。切ないまでの親心が伝わってくる感じだ。

　このように，修学旅行の意義は大きいが，費用がかかり，参加できない子が少なくない。そうした状況に対し，各県では，日程を見直したりして，費用を見直すように指示している。例えば，埼玉県では，明治34年に，「保護者ノ負担漸ク多キヲ加ヘタルヲ以テ経済上亦大ニ注意セサルヘカラス」との訓令を発している。また，校長会の動きをあげるなら，新潟県北魚沼郡の小学校長会は，明治42年に，①宿泊は4年生以上，②徒歩は1日6里以内，③保護者に費用を示し，半数以上の同意を得る，

④事前・事後指導の実施などを決定している。（『埼玉県教育史・第4巻』1971年，『小千谷小学校史・上巻』1977年）

　なお，旅行費用を安く上げるため，団体割引を望む要請が出され，日本鉄道会社は，「10里以上の旅を50人以上」の条件を充たした場合は25％引きを決めている。その後，明治44年から，尋常小学生の半額割引が実施されるようになった。

## 海外でさめた感じの子どもたち

　子どもたちに，海外での暮らしを体験させる目的で，ハワイで5泊をする旅をJTBから依頼されて，数年間実施したことがある。観光客の多いワイキキを避け，活動の拠点としてアラモアーナのホテルをとった。そして，大学生をリーダーとし，一人の大学生に数名の子どもをつけ，各班で，自分たちで行く先を決め，食事の場所を探しながら，行動するプログラムを計画した。そうなると，グループごとに行動が異なるので，事前の下見が大事になる。学生たちは自分の班の計画を立て，行先までのバスに乗り，現地を歩き，レストランを下見するなどの準備を重ねた。もちろん，夜遅くまで各班の計画案のチェックも続いた。そうした準備を整えて，子どもをホノルル国際空港で迎えた。

　しかし，空港からホテルまでのバスで，われわれの錯覚に気づいた。子どもがもりあがらないのである。たしかに，バスの窓からセブン・イレブンが見えても，ケンタッキーやマクドナルドがあっても，子どもにとっては，日本で見慣れた光景である。そういえば，ワイキキ・ビーチもテレビでおなじみの海辺で，困ったことに，テレビで見る澄み渡ったビーチと違い，太ったおじさんやおばさんがゴロンと寝ていたりする。それにダイヤモンドヘッドは遠く小さい。中には，バス内で，日本から持ってきたゲームで遊ぶ子もいる。どの子もがさめた感じで，興奮しているのはスタッフだけだった。

　その時，自分の貧しい海外旅行の体験を思い出した。高校生の頃から，

海外に憧れてはいたが，それは生涯行けそうもない夢の地だった。まさに「憧れのハワイ航路」である。映画を通して想像するだけの世界でもあった。そして，30代の前半に，初めて日本を離れ，グァムとサイパンへ行き，その数年後，ハワイを訪ねることができた。ワイキキのビーチを歩き，ハレクラニでグアバ・ジュースを飲むだけで，別世界にいる感じがした。空が青く，空気も心地よい。ハワイにいる自分に晴れがましさを感じた。

　それにひきかえ，今の子どもは，日常的な感覚で，羽田国際空港から飛行機に乗る。ハワイでのプログラムと前後して，子どもを対象としたその他の地域での海外のプログラムを企画し，担当していた。JALから依頼されて，子どもをヨーロッパへ連れていく旅を引率したこともある。ここでも，シャンゼリーゼはむろん，エッフェル塔もノートルダムも，子どもたちの関心が低かった。そうした中で，子どもを引率して，もっとも盛り上がったのはロスアンゼルスのディズニーランドだった。もっとも，マニアックな人を除けば，ディズニーに日米の変わりがないから，それなら，浦安に行く方が安上がりだと思い，何のためにロサンゼルス郊外のアナハイムまで来たのか心中は複雑だった。

### 修学旅行の使命は終わった

　これまでふれてきたように，修学旅行は，地元で子ども時代を過ごし，その後も地域で暮らすことになる人に，一生の思い出に，郷里から離れた地域を訪ね，見聞を広めることを目的としてきた。たしかに，富裕層以外は家族旅行などが稀な時代には，子どもが卒業する節目に，遠隔の地を訪ねる意味は大きかったように思う。

　しかし，今の子どもは，テレビやスマホを通して，世界の情勢にオン・タイムで接している。中近東のテロや中国の災害も見聞きしているから，どこへ行っても驚くことはない。加えて，夏休みやゴールデン・ウイークに家族旅行をしているから，旅にそれ程の新鮮な感覚を持てない。そ

I　子どもの学校生活

う考えると，現在の学校で修学旅行を行う意味は薄れたように思う。

　ここで，修学旅行の内幕話を書くなら，大都市のこれだけ多くの公立の小中学校が同じような時期に同じような地域を目指すのであるから，列車や宿泊先が大混雑する。そこで，大手の旅行業者が1年前に地域全体のおおよその旅行日程を作り，各学校に行程を連絡する。手慣れてはいるが，新鮮味に乏しい。その代わり，その工程に従えば，学校も安心して旅を実施できる。学校は決まった日程を子どもへの連絡をすればよいだけになる。

　そうしたマンネリを避け，子どものために，個性的で自校らしい旅を実施したいと思う。しかし，言うは易く，行い難い。100名を超える子どもを移動させるのだから，訪問先を調べ，宿泊先を下見し，人数を確定して，列車を予約する。これは，教員が片手間に処理できる仕事でない。となると，多くの学校で，旅行業者の提案にしたがって，例年通りの修学旅行を実施することになる。その結果，10年間以上も，同じプログラムの修学旅行を実施するという事態が生じる。

　もっとも，欧米の学校では，学級単位で校区近くの美術館や博物館へ見学に行くことはあるが，原則として，修学旅行を実施していない。といっても，学校では，部活動や学芸会，運動会などを実施しないのが通例である。学校は学級を中心に子どもに勉強を教え，子どもの居場所を作る場という感覚で，少なくとも，学校を単位とした活動が展開されることは少ない。実際に，修学旅行を実施している社会は，比較教育学的には，少数派に属する。そう考えると，日本の修学旅行は，やめる時期に来ているようにも思う。

### 修学旅行のモデル・チェンジを目指して

　もっとも，せっかく，修学旅行を実施してきたのだから，そうした宿泊の旅のモデル・チェンジをして，新しい旅を展開してはどうかとも思う。特に，子どもの友だち関係が表面的な印象を受けるから，ゆっくり

57

と時間をかけ，友だちとの理解を深める機会があってもよいのではないか。そのためには，名所旧跡への旅を避けると同時に，時間刻みの日程を立てずに，自然の豊かな場所で，ゆったりと時間を過ごしたらどうかと思う。

　先ほどふれたハワイでの経験を踏まえて，数年前に，少年自然の家を利用して，3泊4日の活動を展開したことがある。子どもを8人のグループに分け，各グループに学生のスタッフをつける。その一方，全体としての行動はやめて，本部スタッフがそれぞれのプログラムを提案し，実施する。朝のプログラムを例にするなら，朝6時から広場でのラジオ体操は定員40人，6時半から定員16人のバード・ウオッチング，同じ6時半にモーニング・フットサル・4ティームのように，時間帯ごとに参加人数を決めて，それぞれのプログラムを掲示する。それを見て，グループごとにどこに参加するかを話し合って決める。もちろん，個人参加も認める。夜間の場合も，9時と10時半に8人単位の星座を見る会，7時からの食堂でのフォークダンスは定員32人，クラフト作りは8時から16人，地元のお年寄りの女性を招いての民話の会は24人定員で7時半からという感じである。この時の食事は，食事の時間帯だけを決め，グループごとに適当に食べるルールだった。プログラムの定員が決めてあるので，いち早く人気のあるプログラムへの参加を申し込むグループもある反面，動きが遅くて，どこも定員オーバー，活動プログラムにさまようグループもあった。あるグループは，自分たちの部屋でウノ大会を90分やっていた。もちろん，本部は学生のスタッフと連絡を取っているので，今全員が何をしているかが分かっている。ウノは2時間の提案を90分以内に指示したし，ある班から提案があった夜間の肝試し案は，危険を理由に，撤回してもらった。試行錯誤の3泊4日だったが，帰りのバスの中で，子どもが見違えるほど元気になったのに驚いた。保護者の評判も良かったが，学生とスタッフは疲労困憊し，次の年の実施が難航した。

## I 子どもの学校生活

　こうしたプログラムを実施すると，子どもは喜んでくれる反面，主催者サイドは下準備に追われる。現地の気候や動植物の生態，地域の風習などを克明に調べて，本番を迎える。下準備をていねいに行っていれば，楽しいプログラムを展開できる。しかし，終わると疲れ果て，もうやるまいという気分になるが，10日もすると，来年もやるかという気がしてくる。

　型通りの修学旅行から脱しようとすると，何より，多くの人手が必要になり，教員だけでの実施は困難になる。学校の行事かもしれないが，PTAや地域との共催を考え，多くの有志の協力を仰ぐ。地域に意外に多くの人材がいるので，そうした人の協力を得て，充実した活動を展開してはどうか。その際，物見遊山の旅はやめて，自然の中でゆったりと時間を過ごす計画を作ってはどうか。これまでの経験から，計画を充分に練ること，そして，単年度でなく，同じプログラムの実施を積み重ねていくこと，さらに，多くの人の協力を求めることなどを心掛ければ，その学校独自の思い出に残る旅の展開が可能になる。

# Ⅱ　子どもにとっての家庭

# 6 お手伝い

## 手伝いは「自分の食器運び」と「箸を並べる」だけ

　平成22年の年末に，花王の研究所のスタッフが研究室を訪ねてきた。明るい家庭作りの一環として，子どもの手伝いを奨励したい。そのために，子どもの手伝い調査を行いたいのだが，花王の研究所は洗剤や化粧品など，科学的な実験は得意だが，社会調査に慣れていない。そこで，子ども調査の企画・実施をお願いしたいという申し出だった。

　長年，子ども調査を実施して来たので，その中の項目として手伝いを含ませたことは多い。しかし，手伝を正面から取り上げたことは少なかったし，あまり気乗りのするテーマではなかった。しかし，研究所のスタッフの熱意に押されて，小学生を対象とする手伝い調査を実施することにした。

　昔の子は手伝いに追われていたといわれる。しかし，家庭内の家事の合理化が進んで，母親の家事をする時間も短くなった。それだけに，子どもが家事離れをしても，当然という気がする。しかし，家庭の中の子どもは，何もしないで，出されたものを食べてさえいればよいのであろうか。とりあえず，今の子どもが，どの程度，家事の手伝いをしているのか。実態を調べることにした。

　平成23年の春に，東京と関西の小学高学年生1600人に調査を実施したが，その結果を示すと，表4の通りとなる。「小計」の欄が示すように，「週に3日以上」が6割を越える項目を「手伝っている」ととらえるなら，手伝っているのは，「①食後，食器を運ぶ」，「②茶碗や箸を並べる」の2種に過ぎない。そして，5割までに広げても，「手伝い」は「③ご飯をよそう」，「④テーブルを拭く」にとどまる。

62

Ⅱ　子どもにとっての家庭

### 表4　子どもの手伝い　　　　　　　　　　（%）

| | 毎日 | 週3日 | 小計 | 週1日 | 月2日 | 月1,2日 | 月0日 |
|---|---|---|---|---|---|---|---|
| ①食後，食器を運ぶ | 68.0 | 13.3 | 81.3 | 6.1 | 6.3 | 4.5 | 1.8 |
| ②茶碗や箸を並べる | 46.7 | 21.7 | 68.4 | 13.1 | 10.2 | 6.5 | 1.8 |
| ③ご飯をよそう | 33.8 | 24.9 | 58.7 | 14.7 | 15.0 | 7.1 | 4.5 |
| ④テーブルを拭く | 30.9 | 21.7 | 52.6 | 16.2 | 16.4 | 10.3 | 4.5 |
| ⑤洗濯物をしまう | 20.5 | 17.0 | 37.5 | 14.0 | 21.4 | 14.8 | 12.3 |
| ⑥玄関の靴を揃える | 19.9 | 16.8 | 36.7 | 19.4 | 20.2 | 14.9 | 8.8 |
| ⑦自分の机回りの掃除 | 19.3 | 15.3 | 34.6 | 18.1 | 27.8 | 10.9 | 8.6 |
| ⑧洗濯物をたたむ | 13.7 | 17.1 | 30.8 | 17.4 | 28.2 | 18.0 | 5.6 |
| ⑨お風呂の掃除 | 14.7 | 15.0 | 29.7 | 14.2 | 21.9 | 19.6 | 14.6 |
| ⑩ごみを出す | 11.2 | 14.0 | 25.2 | 16.8 | 24.6 | 18.8 | 14.6 |
| ⑪朝，新聞を取る | 11.3 | 10.7 | 22.0 | 14.4 | 17.7 | 17.6 | 28.5 |
| ⑫みんなの部屋の掃除 | 9.9 | 11.9 | 21.8 | 20.4 | 27.2 | 20.8 | 9.8 |
| ⑬簡単な料理を作る | 9.7 | 11.9 | 21.6 | 16.7 | 27.2 | 22.0 | 12.5 |
| ⑭食器を洗う | 7.8 | 12.9 | 20.7 | 16.1 | 31.2 | 22.0 | 10.0 |
| ⑮近所に回覧板を回す | 9.5 | 8.1 | 17.6 | 11.5 | 17.5 | 15.7 | 37.7 |
| ⑯食器を拭く | 7.7 | 9.2 | 16.9 | 12.2 | 25.3 | 21.6 | 24.0 |
| ⑰洗濯物を干す | 6.3 | 10.2 | 16.5 | 12.7 | 27.1 | 24.6 | 19.1 |
| ⑱トイレ掃除 | 3.3 | 5.0 | 8.3 | 7.9 | 16.7 | 21.5 | 45.6 |

「小計」＝週に3日以上する割合。

　この結果にどんな感想を持つかは，世代によって変わる気がするが，いずれにせよ，食事の時にちょっと手を出す程度で，手伝いらしいこと，例えば「風呂の掃除をする」や「洗濯物を干す」をする割合はぐんと低下する。現在の手伝いは手伝いのまねごとをしているだけだが，それでも，そのまねごともしていない子どもが多いのが目につく。

63

### 手伝わなくなった女子と手伝うようになった男子

　今回の調査デザインを設定する時，昭和59年に手伝いについての調査を実施しているので，その結果を利用して，27年前と現在との手伝いの対比を試みたいと考えた。全部の数値を提示すると長くなるので，4項目の紹介にとどめたが，結果の一部を表5に示した。下欄の「18項目の平均」の「全体」の欄が示すように。「手伝う」割合は，昭和59年の31.2％から平成23年の33.4％へ，わずか2.2％だが，現在の子の方が手伝う割合が増加している。

表5　お手伝いの2時点比較　　　　　　　（％）

|  | 全体 |  | 男子 |  | 女子 |  |
|---|---|---|---|---|---|---|
|  | 昭和59 | 平成23 | 昭和59 | 平成23 | 昭和59 | 平成23 |
| ①食後，食器を運ぶ | 69.9 | 81.3 | 52.8 | 79.1 | 77.0 | 83.9 |
| ②茶碗や箸を並べる | 60.4 | 68.4 | 46.7 | 65.7 | 74.3 | 71.7 |
| ⑭食器を洗う | 19.8 | 20.7 | 8.4 | 17.4 | 31.2 | 24.3 |
| ⑰洗濯物を干す | 9.1 | 16.5 | 4.3 | 14.3 | 17.9 | 19.6 |
| 18項目の平均 | 31.2 | 33.4 | 22.9 | 30.6 | 39.6 | 36.3 |

数値は「週に3回以上する」割合。

　昔の子より，今の子の方が手伝っているとは納得できない気もするが，表5の下欄の「18項目の平均」の性差に目を止めて欲しい。昭和59年から平成23年へ，男子の手伝い率は22.9％から30.6％へ7.7％増加している。それに対し，女子の手伝いは39.6％から36.3％へ3.3％低下した。したがって，男子の手伝いが7.7％増加し，女子が3.3％低下し，全体として，手伝い率が2.2％増えたという計算になる。その典型が「⑭食器を洗う」で，昭和59年の場合，食器を洗う男子は8.4％にとどまり，食器を洗う男子は例外的な存在だった。しかし，平成23年，食器を洗う男子は17.4％と，9.0％増加したのに対し，女子は31.2％

Ⅱ　子どもにとっての家庭

から 24.3％へ，6.9％減り，男女差が縮小している。この結果について，やや誇張したいい方をするなら，「手伝わなくなった女子と手伝うようになった男子」という図式が成り立つ。そうした経過の中で，男子の手伝いの増加の方が女子の減少より 2.2％上回ったという計算となる。

## 手伝っている子は生活習慣がしっかりしている

　昔，家庭に水道が引かれていない時代には，「炊事」をするのにも，「お風呂」に入るにも，井戸から水を汲むことが必要だったし，家庭電化器具が普及するまで，「ご飯」は竈に火をおこすことから始まった。家事労働が大変な時代で，主婦だけでは家事を担いきれないので，子どもの手助けが求められた。この時期，農業や家業を営むのにも子どもの労力が必要だったが，家事についても，子守りや水汲み，火燃し，拭き掃除，食事の手伝いなど，子どもの力は貴重だった。しかし，昭和 30 年代以降，家庭の電化が進んだだけでなく，昭和 50 年代に入り，コンビニやスーパー，ファミレスが定着し，母親の家事の負担は軽減され，子どもの手伝いを必要としない状況を迎えた。その結果，子どもは手伝いのまねごとをするだけで，親にしてもらうだけの生活を送るようになった。

　もっとも，今の子どもたちの中にも，手伝っている子もいれば，全く手伝おうとしない子もいる。そこで，表 4 の 18 項目を加算して，子どもたちを「手伝う群」と「中間群」，「手伝わない群」に分け，手伝いの程度が，子どもの生活とどう関連しているのかを調べてみた。

　表 6 は，テレビ視聴と手伝いとの関連を示している。結果が示すように，「手伝う群」の中で，テレビ視聴が「3 時間以上の子」は 19.4％にとどまるが，「手伝わない群」では 35.5％に達する。調査データを読み取る際，テレビ視聴と手伝いとはそれ程関係しないと考えていた。しかし，結果が示す通りに，手伝いをよくする子どものテレビ視聴時間は短いが，手伝わない子は長時間テレビを視聴している。手伝わないことで生まれた時間をテレビ視聴で費やしているのであろうか。

65

表 6　テレビ視聴×手伝い　　　　　　（％）

| 手伝い ＼ テレビ視聴 | 30分以内 | 1時間 | 小計 | 1時間半 | 2時間 | 2時間半 | 3時間以上 | 小計 |
|---|---|---|---|---|---|---|---|---|
| 手伝う群 | 19.4 | 21.3 | 40.7 | 13.9 | 17.6 | 8.3 | 19.4 | 27.7 |
| 中間群 | 7.8 | 13.4 | 21.2 | 14.4 | 20.2 | 10.5 | 33.7 | 44.2 |
| 手伝わない群 | 7.4 | 14.0 | 21.4 | 11.4 | 18.9 | 12.7 | 35.5 | 48.2 |
| 全体 | 10.2 | 15.6 | 25.8 | 14.4 | 18.5 | 9.4 | 31.8 | 41.2 |

「小計」＝2時間半以上テレビ視聴する割合。p ＜ 0.001

　表7に勉強時間と手伝いとの関係を示したが，手伝いをしている子の中で，「2時間以上勉強する子」は29.7％に達するが，「手伝わない群」は19.3％にとどまる。したがって，手伝う子は勉強する子ということになる。

表 7　勉強時間×手伝い　　　　　　（％）

| 手伝い ＼ 勉強時間 | しない | 30分 | 小計 | 1時間 | 1.5時間 | 2時間 | 2.5時間以上 | 小計 |
|---|---|---|---|---|---|---|---|---|
| 手伝う群 | 3.7 | 18.1 | 21.8 | 29.8 | 18.6 | 14.4 | 15.3 | 29.7 |
| 中間群 | 5.8 | 22.2 | 28.0 | 30.0 | 17.1 | 9.1 | 15.9 | 25.0 |
| 手伝わない群 | 9.2 | 34.2 | 43.4 | 24.1 | 13.2 | 6.6 | 12.7 | 19.3 |
| 全体 | 6.2 | 24.8 | 31.0 | 29.1 | 15.8 | 9.2 | 14.9 | 24.1 |

「小計」＝2時間以上勉強する割合。p ＜ 0.01

　表6と表7とを合わせて考えると，手伝いと生活習慣との間に，「手伝いをする子＝テレビの視聴時間が短い＋きちんと勉強する」，「手伝わない子＝テレビを長時間見る＋勉強をしない」という関係が成り立っている。正直な感想を述べるなら，手伝いと生活態度の間にこれほどの密接な関係があるとは思っていなかった。

## II　子どもにとっての家庭

**手伝いは自己像を明るくする**

　手伝いのデータをさらに分析していく内に，表8のようなデータに出会った。これは，手伝いの程度と自己像との関連を示しているが，手伝っている子は，自分を「③心が優しく」，「①友だちが多く」，「⑤正直」で，「⑥勇気がある」，「②頑張る」タイプだと思っている。それに対し，「手伝わない群」の子は，自分を「友達が少なく」，「やさしさに欠け」，「正直ではない」「怠け者」タイプと感じている。自分に自信を持てないでいる子どもである。

### 表8　自己評価×手伝い　　　　　　　　　　　（%）

| 自己評価 ＼ 手伝い | 全体 | 手伝う群 | 中間群 | 手伝わない群 | 差 | 検定 |
|---|---|---|---|---|---|---|
| ①友だちが多い | 35.5 | 47.9 | 33.5 | 25.3 | 22.6 | ＊＊＊ |
| ②頑張る | 27.4 | 40.2 | 23.1 | 20.5 | 19.7 | ＊＊＊ |
| ③優しい | 21.9 | 32.2 | 16.9 | 18.7 | 13.5 | ＊＊＊ |
| ④スポーツが得意 | 21.4 | 28.8 | 19.9 | 15.7 | 13.1 | ＊＊＊ |
| ⑤正直 | 13.4 | 18.2 | 11.1 | 11.5 | 6.7 | ＊＊＊ |
| ⑥勇気がある | 17.9 | 27.4 | 15.9 | 10.9 | 16.5 | ＊＊＊ |
| ⑦勉強が得意 | 13.8 | 17.4 | 13.4 | 11.4 | 6.0 | ＊ |

4回答選択肢中，「きっとできる」と思う割合。

＊＊＊＝ $p < 0.001$，＊＝ $p < 0.01$

　さらに，表9のような結果も得られている。表中の数値が示すように，手伝っている子どもは「①好きな人と結婚できる」，「②良い父・母になれる」，「③幸せな家庭を作れる」など，将来に明るい見通しを抱いている。その他の結果は割愛するが，こうした結果を総合すると，手伝っている子どもは生活習慣がきちんとしているだけでなく，自己像も明るく，その上，開かれた将来像を抱いていることが分かる。

表9　将来への見通し×手伝い　　　　　　　（％）

| 手伝い<br>将来への見通し | 全体 | 手伝う群 | 中間群 | 手伝わない群 | 差 | 検定 |
|---|---|---|---|---|---|---|
| ①好きな人と結婚できる | 12.2 | 15.6 | 12.4 | 6.1 | 9.5 | ＊＊＊ |
| ②良い父・母になれる | 27.3 | 43.0 | 25.4 | 17.0 | 26.0 | ＊＊＊ |
| ③幸せな家庭を作れる | 37.3 | 54.7 | 32.7 | 25.3 | 29.4 | ＊＊＊ |
| ④つきたい仕事につける | 33.8 | 40.5 | 32.4 | 29.1 | 11.4 | ＊＊＊ |
| ⑤仕事面で成功する | 23.1 | 30.7 | 21.5 | 18.0 | 12.7 | ＊＊＊ |

4回答選択肢中，「きっとできる」と思う割合。＊＊＊＝ p < 0.001

## 手伝いは自己像を支える

　冒頭にふれた通りに，この手伝い調査は花王からの委託調査だった。花王のスタッフの熱意に押されて，手伝いという行為を分析することになったが，それだけに，手伝いが子どもの自己像と深くかかわっているのに驚いた。

　「手伝い」がどうして子どもの自己像とこれほどまでの関わりを持つのか。理由を考えてみた。手伝いをすれば，親も喜んでくれるし，自分自身も親の役に立っていると思える。さらに，手伝いにはそれなりの熟達が必要で，手伝いを通して，自分の成長も確認できる。それに，手伝いができれば，親が病気になっても，短い期間なら，自分で家庭内の切り盛りもできる。そう思えるから，自分を役立てる存在だと感じ，自己像が明るくなる。もちろん，そうした子は生活習慣のしっかりとした自分から手伝うタイプの子なので，親もそうだし，本人も自分に誇りを持って暮らしている。

　そうだとしたら，ダラダラとテレビを見ている子にお手伝いをさせてはどうか。正直にいって，家事の省力化が進んでいるから，子どもの手伝いは不要で，むしろ，子どもは家事の邪魔なのかもしれない。それだけに，親のためでなく，子どものために手伝わせるというとらえ方が求

## II 子どもにとっての家庭

められる。ぼんやりテレビを見ている子に，どんどん手伝わせよう。その内に，手伝いが身につき，自分から手伝うようになるかもしれない。その結果，自己像の明るさが増すことも期待できる。

現在の子どもは冷暖房の完備した環境で，不自由なく暮らしている。しかし，子どもの長い人生の中で，さまざまな危機の場面もあろう。そうした時，一人で生きていける技術を身につけているかどうかが生死を分けるかもしれない。それだけに，ご飯を炊ける，簡単な料理ならできる，手洗いの洗濯ができる，掃除ができる。そうした基本的な生活能力を身につけさせることが親としての責務だと思う。しかも，今回の調査結果によれば，手伝いを通して，子どもが自信を持ち，自己像も明るくなるという。そう考えると，手伝わせることは，どの家庭でも簡単にでき，しかも，大きな効果を期待できるもっとも有効な家庭でのしつけのように思われてくる。

# 7　子育て支援

## 出産後の継続就業率を高める

　安倍内閣は，女性の活躍する社会の実現を唱えている。そのこと自体は望ましいとは思うが，各論レベルになると，疑念が生じてくる。そうした流れの中で，「子育て支援」の言葉を聞く機会が増えてきている。たしかに，少子高齢化社会の負のスパイレルから脱するには，安心して子育てのできる環境作りが必要だ。子育ての環境が整えば，出産をためらっていた人も安心して子どもを産めるし，子どもが一人の夫婦も2人目の出産を考えるかもしれない。そうなれば，高齢化に歯止めがかからないにしても，合計特殊出生率が上昇し，負のスパイレルを止めることはできる。

　子育て支援には，育児休暇など，働く親について制度的な整備を進める対策が重要になるが，それと同時に，子育てに専念する親たちへの支援も大事になる。国立社会保障・人口問題研究所（平成22年）の資料によると，第一子出産時に，仕事を持たずに育児に専念する母親の割合は，第10回国勢調査時（1990年）が72.9％（出産時退職は37.4％），14回調査（2010年）でも68.0％（出産時退職は43.9％）の通りに，7割前後で推移している。

　こうした状況に対し，厚労省は，出産後継続就業率を，2020年までに55％まで引きあげることを目指している。そして，母親が出産後に安心して勤務できるように，保育施設の充実や勤務条件の整備などの施策に乗り出そうとしている。しかし，大都市を中心に保育施設が不足し，待機児童が出ている現状がある。「保育園落ちた　日本死ね!!!」のブログに3万件のアクセスがあり，大きな社会問題化したのは，平成28年2月のことである。

70

Ⅱ　子どもにとっての家庭

　たしかにゼロ歳児保育施設が満杯状態なので，1年間の育児休暇の後に，保育園を探しても，1歳児を受け入れてくれる保育園を見つけにくい。そうした状況の中で，保育園を確保するために，妊娠時に保育園を予約する動きも見られる。その結果，6割，そして，7割の母親が，出産直後から勤務する状況になったら，それは，女性にとって幸せな社会が到来したといえるのだろうか。

　なお，「子育て支援」という時に，乳幼児期と児童期とを分けて論じる必要性を感じる。児童期に入れば，子どもは自立して動けるし，24時間態勢で保護する必要もない。平成27年度に，学童保育を「放課後児童クラブ」と改名し，親が働く子の放課後を保証しようという動きも理解できる。しかし，乳幼児期は，親との密着した環境が不可欠なだけに，施設を作り，待機児童がいなくなれば課題が解決するといえない。そのあたりに，子育ての問題の難しさがある。


## 北京で感じた「全託」への疑問

　2016年1月から中国では，1979年以来実施してきた一人っ子政策を廃止し，2人っ子政策への転換を決定した。たしかに，2013年に，両親とも一人っ子の夫婦の場合，2人目の出産を認める制度の改革に踏み切ったが，出生児の増加は，予想していた200万人増でなく，107万人程度にとどまった。そうした状況を踏まえて「2人っ子」全面解禁となった。

　中国では，一人っ子政策を30年以上実施し，合計特殊出生率は1.18にとどまる。その結果，少子高齢化が日本以上に加速すると見込まれている。実際に15歳から59歳までの生産年齢人口は2012年から減少に転じ，「人口オーナス（onus，人口減による重荷）」現象が強まっており，その傾向は，豊富な労働力を土台に成長してきた中国経済を根底から揺り動かすと見込まれている。そうした意味では，2人っ子政策への転換は遅きに失した感が強い。

71

30年程前に，初めて北京を訪ねた際，一人っ子政策が厳格に推進されていたのを思いおこす。母親が全員働いているので，24時間態勢の保育所が整備され，月曜から金曜──時には，土曜──の夜まで，子どもを保育所に預ける。子どもが一人だから，夕方子どもを迎えに行き，家で子どもの世話をできると思うが，子どもは，平日の夜も保育所暮らしをしていた。

　中国の場合，国民党との内戦が長く続いた。その間，男子が兵役に出て，女子が社会を支える仕組みの社会だった。そうした中で，子どもをゼロ歳児から24時間態勢で保育する「全託制度」が定着する。内戦が終わってからも，毛沢東は儒教倫理を打破する意味も含めて，男尊女卑の風習を批判し，男女がともに働く社会の実現を提唱した。そうした背景を聞いて，全託が中国の歴史的な事情を踏まえた制度だと理解できたが，それでも，子どもと暮らしたいのが親の人情であろう。日曜の夜，王府井<sup>ワンフーチン</sup>で着飾った親子連れを見かけたが，週に一度の歓談を楽しむ姿だと思うと，小皇帝を甘やかすのも親心のように感じた。そうした一方，全託は人間性を無視した仕組みという思いを強く抱いた。それと同時に，親と離れて暮らす子どもの成長に偏りはないのかも気がかりだった。

　親子が離れて暮らすというと，イスラエルのキブツを連想する。キブツでは，初期の頃，子どもの家と大人の家とは分離していたが，やがて，親子で「食事を共にする」や「一緒にテレビを見てくつろぐ」のように，家族がともに行動するようになり，家族的な仕組みが復活したという。

　キブツとは意味が違うが，一種の社会主義的な実験国家の中国でも，鄧小平の改革・開放政策以降，経済体制の資本主義化が進み，2000年代に入ると，北京や上海では高級住宅地が誕生し，新しい女性の生き方として，子育てと家事に専念する専業主婦が登場する。

　2012年に北京を訪ねた時，モンテッソーリ教育を掲げる名門幼稚園を見学する機会があった。校門の前に高級車が並び，車から降りてくる親子連れの姿に驚いた。超高級なヨーロッパ・ブランドのスーツを身に

Ⅱ　子どもにとっての家庭

まとい，香水も匂う晴れやかな母親の姿に，ビバリーヒルズにいる気分になった。同行した通訳の話では，こうした専業主婦の暮らしが北京の女性の間の羨望の的だが，そのためには，頼りがいのある相手選びが前提になる。しかし，そんな相手に巡り合う機会などないから，通訳氏も，ほどほどの相手を見つけたい。そして，状況が許せば，母親になったら仕事をやめたいと話していた。もちろん，現状では，専業主婦はほんの一握りの富裕層の姿だが，街中でも，全託を縮小し，日託化の傾向が広まっていた。実際に日託が実施されると，その方が自然なので，親からの評判も良く，多くの保育所が，短期間に日託への切り替えを行っていた。

### スウェーデンの子育て事情

　子どもが幼い内は，自分の手で子どもを育てたい。そうした気持ちはどの社会にも共通するものなのであろう。スウェーデンを訪ねた時，福祉政策の充実した社会で，「乳児の子育ては家庭基盤で」という原則が定着しているのに驚いた。実際に，おしめがとれるまで，保育所は子どもを預からないのが原則なので，子どもは2歳近くまでは家庭で育てられる。そして，2歳過ぎ位から集団の中での暮らしが始まる。その前後から，仕事に復帰する母親が多いが，2人目の子どもが生まれると，子育てに専念する。といっても，スウェーデンでは父親も育児休暇をとるので，父親が仕事を休む事例も少なくない。

　何人かの母親に意見を聞いてみた。乳幼児期の子どもは安定した家庭的な環境の中で育つべきだ。集団の中での保育は子どもへの虐待だという。虐待という言葉が飛び出すあたりに，権利を主張するスウェーデン社会の一端をかいま見る思いがした。

　もちろん，スウェーデンでも，研究職や専門職などに従事する人で，育児休暇をとりにくい職種の人もいるので，ゼロ歳児保育施設はある。しかし，この場合は，親の事情で育児休職制度を返上する形なので，子

73

育ての無償が原則の北欧でも，ゼロ歳児保育だけは有料だった。

　気になったので，ゼロ歳児保育施設を見学させてもらった。大きめの家に，いくつかの部屋があり，各部屋に2，3人の乳児と保育者がいる。建物内に静かに音楽が流れ，ベッドや玩具に高級感が漂っていた。保育料は最低で月額5万円という。保育というより，家庭的な環境の下で質の高い養育を目指す施設だった。今ならスマホの利用になるが，その時は，母親がケータイを通して，何時でも，勤務先からわが子の状況を見られる仕組みが整備されていた。

## 子どものウエルビーイングと母親のウエルビーイング

　こうした状況はスウェーデンだけでなく，北欧を中心にヨーロッパでは，少なくとも1歳児，可能なら2歳児までは家庭保育を原則とするシステムが定着している。そして，ゼロ歳児の施設養育は虐待だという理解も広まっている。もちろん，家庭での乳児保育を進める前提として，育児休暇期間中の給与は全額支給，休暇後の職場への復帰の保証，パパクオータ制（父親に一定の期間の育児休職を割り当てる制度）と呼ばれる父親の育休取得を促す施策などが実施されている。そして，男性を含めて，人生の中に，仕事を中断して育児に専念する時期を設ける人生設計が広まっている。

　この10年来，「子どものウエルビーイング」を聞く機会がふえた。子どもが身体的，精神的，社会的に「良好な状態」——well being——を指す用語だ。

　そうした子どものウエルビーイングを考えるなら，北欧のように，原則として，2歳まで家庭での子育てが理想であろう。そうした一方，子育ての年齢は職業人としての土台作りの時期と一致している。そのため，子どものウエルビーイングを優先的に配慮すると，母親の人生に陰りが生じる。かといって，母親が職業人としての生き方を優先させると，子どものウエルビーイングが損なわれる可能性が増す。つきつめていえば，

母親のウエルビーイングと乳幼児のウエルビーイングとは矛盾関係にある。

　もっとも，子どもが親の生理的な保護を必要とするのは，狭くとらえれば，子どもの2歳頃まで，多少長めにとっても，子どもが2人として，5〜6年程度に過ぎない。そうだとすると，女性の平均寿命が86.8歳の時代だから，育児期間は生涯の1割以下に過ぎない。それだけに，この時期をいかに乗り切るかが，現在の女性問題の最大の課題のように思える。

## 「ボンディング」と「アタッチメント」

　ヒトの子は生理的な未熟児として産まれてくる。その姿に，昔と今との変わりはない。乳児は，親の世話がなければ，1日でも生きていけないから，乳児は，親，多くは母親に依存しながら成長していく。たしかに，乳児が泣くと，母親が声をかけるし，空腹を訴えれば，授乳してくれる。おしめが濡れて不愉快になりぐずると，母親がおしめを代えてくれる。乳児にとって，母親は絶対に自分を守ってくれる存在で，そうした母に乳児は無意識であろうが，邪念のない笑顔を見せる。そうした笑顔を見て，母親は，乳児をいとおしいと思い，乳児を抱きしめる。

　母親から乳児へ愛情を注ぐ行為を「ボンディング」，乳児から母親への愛着の示し方を「アタッチメント」と呼ぶことが多い。この「ボンディング」と「アタッチメント」は，1日の内でも，何十回となく繰り返される。そうした相互作用を通して，母と子との間に信頼の「絆（ボンド）」が作られる。この母と子との「絆」は，人間関係の基本中の基本で，「母と子」との絆を土台に，「父と子」や「姉と弟（きょうだい）」，「祖父母と孫」などの絆が結ばれていく。そうした何本かの絆の中で，もっとも基本となるのが，母と子との絆といわれる。

　このように人間関係の基本は母と子の絆だが，多くの母親は，母乳で子どもを育て，母と子とが密着しているから，自然の形で，基本的な絆

が築かれている。といって，基本的な絆が母と子に限られるものではない。乳児と「特定の人」との密着した関係を持続できれば絆が形成される。したがって，祖父母や父でも，一定期間，24時間態勢で乳児と接していれば，「ボンディング」と「アタッチメント」が生じ，絆を作ることができる。しかし，いずれにせよ，乳幼児期の絆作りが人間形成の基本という事実は子育て支援の原点となる。考えてみると，子育てとは，一人の乳児に一人の大人が24時間態勢で，しかも，長期間，世話をする行為だが，全く合理化をできないところに特性が見られる。これほど効率の良くない営みは少ないが，それが育児の本質である。

## 愛着障害を抱える子との係わり

大学院生の頃，変わった家庭教師をした経験がある。父親は輸入会社の社長で母親は都内の喫茶店チェーンのマダムだった。一人っ子の娘・4歳のＡ子は，母親が多忙なので，市川郊外の里親の許で暮らしていた。しかし，母親が週末に訪ねても，Ａ子がにこりともしない。そうかと思うと，里親から注意されると家を飛び出し，1キロ以上離れた中山競馬場で馬が走るのを見ていたりする。Ａ子の行動が気になるので，母親は大学の相談所を訪ねた。そして，人間関係が苦手のようだから，専門の家庭教師をつけ，成長を見守ってはという助言を受けた。そして，家が近くだった関係で，週に2回，筆者が，教授から指示を受けながら，Ａ子と時間を過ごすことになった。

Ａ子は，東京にある外国系の超有名な総合病院で生まれた。そして，1年間，その病院の保育施設で育てられた。保育施設が世界的なレベルというだけでなく，看護師が3交代制で完全保育をする仕組みだった。両親がベビールームに入る時も，雑菌が入るのを防ぐため，完全に消毒し，白いエプロンを着て，マスクをして，入室する決まりだった。しかし，その後，この病院で育った子から，Ａ子のように，愛着障害——その頃は，そんな名前はなかったが——の発生が続いた。ただし，超上層

Ⅱ　子どもにとっての家庭

階層の家庭が多かったので，各家庭が対応策を講じ，施設育ちの成長の偏りが社会問題化されることはなかったと聞く。

　教授によると，Ａ子の保育にあたり，看護師が8時間で交代する。次の日には，別の3人の看護師の世話を受ける。そうなると，栄養的には問題がなくとも，保育者との基本的な絆を結ぶことができない。他人との関係を持てない育ちをしている。だから，会っている時はＡ子の気持ちをていねいに聞き，彼女の心の支え手になって欲しいというのが教授からの指示だった。その時，この本を読むように渡されたのがJ. ボルビーの『母子関係の理論―1 愛着行動』(黒田実郎他訳・岩崎学術出版，1991 年に新版) だった。ボルビーは，乳幼児期に母親から引き離されるような劣悪な状況の下で成長すると，深刻な発達障害が起きることを実証し，それを「母性的養育の剥奪（Deprivation of Maternal Care)」と名付けている。この剥奪理論については，その後，多くの研究が進んでいるが，乳幼児の成長に安定した密着関係が不可欠という指摘は，現在でも，すべての研究者の支持を得ている理論である。

　Ａ子の事例に戻ると，訪ねる度にＡ子と外出し，競馬場や寺の境内，植物園などで，何時間かを過ごすことにした。そして，気持ちを話させることに集中した。1 年程で，疑似親子的な関係ができたが，小学校入学後も，Ａ子は教室では緘黙気味で，友だちができなかった。相手の気持ちを考えずに身勝手な行動をとるので，友だちの中で浮いた存在になってしまうらしい。Ａ子の家庭教師は小学校卒業時に辞めたが，その後もコンタクトが続いた。人間関係を結べない状況は，高校に入ってからも変わらなかった。ピアノが好きで,かなりの才能があると聞いたが，指導する先生との関係が長続きしないので，専門家のレベルにたどりつかなかった。そして,異性関係でも好きな異性との間のとり方が下手で，失恋と破局とが続いた。

77

## 若い母親の労働力化に懸念

　Ａ子の事例は，いかに物質的に恵まれていても，人間関係の絆を結べないと，子どもの成長にひずみが生じることを示している。こうした愛着理論は，発祥の地・ヨーロッパでは広く定着しており，それが，スウェーデンでの実態となったのであろう。いずれにせよ，乳児が親から離され，長時間保育所にいる状況はどう考えても望ましくない。まして，夜間に乳児が保育所にいる光景は，乳児に対する虐待であろう。母親の視点でなく，子ども本位に考えるなら，北欧モデルが理想の保育スタイルとなる。大きくつかむなら，２歳頃までは家庭で養育し，その後の幼児期は少人数の保育施設で暮らす。小学校に入ってから，学校とアフタースクール（放課後を過ごす家庭的な場所）の２つの居場所を持つ。そして，高学年になったら，アフタースクールにスポーツサークル的な色彩が増すという感じである。そして，親も，父親を含めて，子どもが幼い内は，「子育て休職」をとり，子どもが３歳頃から，社会に復帰していくのが理想の形となる。

　しかし，現在の日本の動向は出産直後の女性を職場へ駆り立て，安い労働力を確保しようとする旧世紀の資本主義的な考え方が強まっているように思われる。これは女性の男性化で，これからは，女性も職場の競争レースに巻き込まれ，神経をすり減らす生活を始めるのであろうか。それよりは，女性が安心して子どもを産み，育てられる環境を整備することが，優先課題なのではないか。

　国勢調査のデータ（2010年）によると，未婚の女性の理想とする人生設計は，「非婚就業」の4.9％，「DINKS（子どもを持たない共働きの夫婦）」の3.3％はともあれ，両立コースは30.6％にとどまる。そして，「専業主婦」19.2％と「再就職型」35.2％を合わせて，子育て重視派が54.4％と過半数を占める。したがって，未婚の女性でも，子どもが産まれたら，自分の手で育て，乳離れをした後で，社会に復帰したいと考えている人が多い。政府より，庶民の方が健全な感覚を持っている感じ

がする。

## 養育期間の設定とリフレッシュ制度の充実

人生が80歳の時代を迎えた。65歳まで定年を延長する企業が増えているが，将来的には，年齢制限を撤廃して，働きたい者は，いつまでも働ける社会を構築すべきであろう。そうだとすれば，働く期間が10数年延長されるから，子育ての時期を「養育の期間」という感じで，社会的に承認してはどうか。子どもが2人として，乳児期に限ると，養育期間は数年に過ぎない。しかも，養育の期間に，職場とは別の体験を積むので，人間的に成長できるし，違った見方も身につく。女性だけでなく，男性も，積極的に育児休職をとれる風土作りが大事であろう。50年程度の就労期間の中に，男性も数年間の「養育の期間」を組み込む。欧州で広まっているように，そうした生き方が一般的になる時代の到来を待ちたい。

しかし，日本では，養育期に仕事を辞めて，子どもの世話をしている女性が多い。この場合，そうした女性が，2人の子を産み，下の子が小学校入学までには，短くても10年間のブランクとなる。そうなると，勤めようとしてもパート勤務が多く，退職したことに後悔の念をいだくことになる。それだけに，退職し，育児に専念した人をリフレッシュさせる制度作りが大事になる。

サンフランシスコ州立大学と姉妹校契約を結ぶ際，説明の中で，育児期間を持った女性へのリフレッシュ・コースを開講しているのを知った。大学卒の場合，既得の単位と現在の希望などを進路担当のカウンセラーに話す。初めの1学期は週に1日程度の学習から始めて，2年程度でリフレッシュ・コースを終了する。大学と教育委員会との間に協定が結ばれているので，修了生は大学のリフレッシュ証明書を持って，地元の教育委員会を訪ね，フルタイムの教員として採用してもらう。採用した結果では，リフレッシュした教員は，意欲的なので，親たちの間の評判は

上々とのことだった。特に，母親としての経験を持っているので，子どもへの接し方が優しいだけでなく，親たちも安心して相談ができるという。その上，リフレッシュで採用した教員は子育てを終えているので，じっくりと教職に取り組んでおり，退職者も少ない。教育委員会も復帰者に高い評価を与えていた。

　この制度は，日本でも，市町村の教育委員会と大学とが提携すれば，実現可能な仕組みであろう。本人にもプラスだが，教育委員会も意欲的な教員を確保できるし，大学も，毛色の変わった学生が在籍することになるから，在校生の刺激にもなる。さらに，子どもも安定した教員からの指導を受けられる。このようにリフレッシュ制度は，本人，教育委員会，大学，そして，子どもと，四方ともウイン・ウインの制度である。しかも，制度的に実施への障害が少ないから，すぐにでも取り組みが可能であろう。もちろん，教員だけでなく，看護師や介護福祉士などのリフレッシュも考えられるし，一般企業でもそうした人材を採用する制度を導入してよいのではないか。そうした形の政策が具体化するなら，女性の輝く社会の到来も近いように思う。

## Ⅱ　子どもにとっての家庭

# 8　虐　待

### 「固まる」や「怯える」

　平成22年から厚生労働科学研究費を受け，里親調査に加わることになった。といっても，子どもの問題を教育的な視点で研究してきたので，社会的養護との接点が少なかった。そこで，基本から学ぼうと，専門家を介して，里親を紹介してもらい，細かな状況を聞き取る面接調査から研究をスタートすることにした。最初は東京の里親から話を聞き，その後，那覇や札幌などへと，面接地点を増やしていった。

　そうした聞き取りの結果をふまえ，2年後の平成24年に，里親を対象とする全国規模のアンケート調査を実施することになった。その際，里親との面接の過程で，里親から預かった里子の行動が型破りで，その対応に悩まされたという話を聞いたのを思いおこした。そこで，アンケート用紙の中に，「里子さんの行動で気になったことがあったら，具体的にお書きください」という余白を設けた。こうした自由記述の場合，書き込みが少ないのが通例だが，今回の調査では書く人が多いだけでなく，スペース一杯の記載が目をひいた。その中から，順不同に，いくつかの声を紹介してみよう。

　「不安感が強い。来てから毎日夜泣きが2年間続いた。」

　「体に無数のやけどや傷があった。人を見ると怖がって，だっこすることもできなかった。」

　「大きな音や声に異常に敏感で，耳にふたをする。」

　「異常な怖がり。一人で居れない。里親と一緒でないと，夜寝ない。」

　「ちょっと注意すると，全く反応しなくなり，体も動かさず，表情もどこか見ている感じ。」

　「おもらしなどの失敗をすると，顔面蒼白，視点が合わない。話しか

けても反応がない。」

「叱ると 1 時間くらい微動だもしない。」

「手づかみで食べる。思い通りにならないと，ずっと，いつまでも泣いている。」

「大人が近づくと体が硬くなり，頭を撫でようとすると，さらに固まってしまう。」

## 里子に残る虐待の影

里親が里子を預かるには 2 つのタイプが見られる。一つは自分の子育てが一段落し，体力的にも経済的にも多少のゆとりがあるから，親との縁の薄い子を引き取って養育してみようという社会福祉型のタイプである。もう一つは，実子に恵まれず，不妊治療を受けてきたが成果が出ないので，養子縁組を視野に入れながら里子を預かる家族形成型である。

アンケート調査の結果では，里親の構成は，前者が 6 割，後者が 4 割という割合だった。前者は子育てのベテランであるのに対し，後者は不慣れという違いが見られるが，両グループとも，実親との縁の薄い子を養育しようという善意の人々である。しかし，実際に里子を預かってみると，里子が理解しにくい行動をとるので，当惑する。それも，特異な行動が，数週間ならともかく，数ヵ月と続くので，里親の中には心身のバランスを崩す者も出てくる。

里子を預かる時に，児童相談所が仲介する形をとるが，その際，実親のプライバシーを配慮してか，その子がどんな育ちをしたかを里親に伝えられない場合が多い。アンケート調査によると，37.4％の里親は「親から虐待を受けた」との連絡を受けている。しかし，里親の 9 割，つまり，ほぼ全員が，里子から虐待の影を感じている。ということは，半数以上の里親は，通常の子どものつもりで里子を受け入れる。しかし，その子が特異な行動をとるのに悩まされる状況を示唆している。

それでは，里子はどういう行動をとることが多いのか。細かな表の提

示を避け，結論にあたる部分を紹介すると，多くの里子に見られる行動の一つは，「①感情の起伏が激しい」や「②パニックを起こす」などの「(1)精神的な不安定さ」だった。次いで，多いのが「③嘘をつく」や「④物やお金を盗る」などの「(2)反社会性」で，その他にも，「⑤甘えたがる」，「⑥すぐに泣く」などの「(3)過度の依存性」も目につくという。

里親によれば，「(3)過度の依存性」からくる「過度な甘え」に対しては，「しばらく甘えさせよう」と覚悟を決めれば，苦痛にならない。そして，里子の「(1)精神的な不安定さ」についても理解できるから，対応もできる。しかし，「③嘘をつく」や「④物やお金を盗る」などの「(2)反社会性」の行為は，里子と暮らしをともにしているだけに，里子を 24 時間態勢で見張る感じとなり，里親の家庭そのものが不安定になる。（深谷昌志・深谷和子・青葉紘宇『虐待を受けた子どもが住む「心の世界」』福村出版，2016 年）

### 里子と心が通い合わない

アンケート調査によれば，里子が里親のもとに来てから，平均して，ほぼ 5 年の歳月が流れている。その間に里子の状況は変化するのだろうか。受託時と現在とを比較してみると，「⑤甘えたがる」や「⑥すぐに泣く」などは，ずっと続いていく。「(3)過度の依存性」は理解できるし，実害も少ないから，里親も黙認しているのであろう。それに対し，「④物やお金を盗る」のような反社会的な行為は平均してほぼ半減していく。里親のもとで暮らす内に，多くの里子が精神的な安定を得て，反社会的な行為が姿を消したのであろう。里親の努力が報いられたことを示すデータだが，その反面，里親のもとにいても，反社会的な行動をとり続ける里子の姿も見受けられることにも留意したい。

そうした反社会的な行為と同時に，里親と話していると，人間的な心の通い合いを持てない里子が少なくないという。夕食の時も目を合わせずに無表情のまま，食卓の話題に加わろうともしない。学校に行く時も，

無言のまま，外へ出ていく。帰宅しても，自分の部屋に直行して出てくる気配もない。無感動のロボットと暮らしているようで，不気味さを感じるという。

　もちろん，里子のすべてが無表情なのではない。里親の7割は里子と心が通じると答えている。しかし，「ぜんぜん」は3.5％にとどまるが，「時々」の28.9％を含めると，里子との関係を築けていない里親が3割を占める。ということは，里親に委託され，時間が経過するにつれて，7割程度の子は心に虐待の傷を残しながらも，傷を癒やしていることを示している。しかし，3割程度の子の状態に変化が見られない。なお，細かく分析すると，幼い内に里親のもとに委託された子や実親の家庭からそのまま委託された子の回復率の高さが目につく。施設をたらいまわしされた後で里親に委託されても，手の打ちようがないのであろう。

　そこで，どういう行動をとる里子と心が通じないかをたしかめると，当然のこととはいえ，「⑥すぐに泣く」や「⑤甘えたがる」子とは気持ちが通じている。これらの行為は里親に対する甘えの現れで，実の親子の間でも幼児期にはよく見られる現象であろう。実親に甘えられなかった里子が里親になつき，里親に過度に甘えていると思えば不憫にもなる。それに対し，「③嘘をつく」や「④物やお金を盗む」などの非行性の残る子とは心が通じないという。そうした子は人間として信頼できないから無理もないとは思うが，その子も実親からの虐待の被害者と思うと，その子の行く末が気がかりになる。

### 虐待件数の増加

　こうした里子はどういう経過で里親のもとで暮らすようになったのか。親の入院や離婚などで家庭での養育が困難になる事例も見られる。しかし，圧倒的に多いのが実親による虐待があって，子どもの安全のために，親から子どもを離した事例である。

　厚生労働省の発表した「児童相談所での児童虐待相談対応件数」に

Ⅱ　子どもにとっての家庭

よれば，平成26年度に虐待で対応した件数は，前年の73,802件より14,589件（19.8％）増えて，88,931件に達した。この数値を経年的にたどってみると，平成10年度が6,392件，15年度は26,509件，20年度が42,664件と，通報数は増加の一途をたどっている。

　虐待数のこうした伸びの背景として，親による虐待の増加も考えられるが，通報義務の感覚が徹底してきたためととらえるのが妥当であろう。これまで子どもの状況から虐待の影を感じても，他人の家庭内のことだから，しばらく様子を見よう，あるいは，他人の家庭に口を突っ込むのは控えようと，通報にちゅうちょした人も少なくなかったといわれる。

　もともと，虐待数は暗数が多いといわれてきた。特に，虐待は家庭内の，しかも，幼い子を対象とする事例が一般的だ。その上，加害者の親は子どもがいうことを聞かないから，しつけとして強く叱ったと正当性を主張する。たしかに，幼児は第一反抗期の過程で，わがままをいうことが多い。そうした時，親がきちんとしつける必要があるのも一面の真理である。そうした事情が絡むので，実際に現場を見ていない場合，虐待としつけの区別をつけにくい。それでも，現在では，虐待についての認識も深まり，通報者が虐待の可能性があると感じた時は，虐待から子どもを守るために，念のために，電話をかけるようになった。虐待に対するそうした社会的な意識の変化が件数の増加につながったのであろう。

　したがって，仮に実際の虐待の件数が変わらなくとも，保育園の保育者や近隣の人が虐待に敏感になり，気づいたら直ちに通報するようになれば，虐待の件数はさらに増加しても不思議でない。


## 施設暮らしの子が3万人の問題

　虐待を通報され，親元での養育が困難と判断された子どもは，児童相談所が判断をして，養護施設などで生活を送ることになる。厚労省の「児童養護施設入所児童等調査」（平成25年2月）によると，実親とともに暮らせない子どもが4万8千人前後いて，その内，6割前後の約

85

３万人が養護施設で暮らしている。施設で暮らす子が３万人という数の多さにも驚くが，平成20年と25年を比較すると，児童養護施設で暮らす子どもは31,592人（全体の65.0％，平成20年）から29,979人（63.0％，平成25年）へ1,613人（2.0％）減少し，その分，里親のもとで暮らす子が，3,611人から4,534人へ923人増加している。

　先から紹介してきた里親対象のアンケート調査の結果によると，里子の35.9％は乳児院，23.4％は実親の家庭から委託されているが，養護施設から来た子も23.4％を占める。里親によると，そうした施設育ちの子の行動に異様さが目につくという。具体例をあげるなら，起こさないといつまでも寝ているし，いつまでも起きている。だらだらと長く入浴し，下着はぬぎっぱなし。食事の時に，一皿に盛り付けた料理を一人取りする。洋服を買いに行っても，欲しい物が決まらない，整理整頓がまったくできないなどとなる。

　現在，養護施設では小舎化への傾向が進んでいるし，グループホームへの試みも目につく。それでも施設は家庭とは違う。何人かの子どもが一緒に暮らすので，起床や就寝など，暮らしの決まりが必要になる。そして，時間が来れば，みんなで用意された食事をとるが，個人的な好みをいうことはできない。もちろん，同室の子は，たまたま同室にいるだけで，一人ひとり育ちが違うから，気が合わない子もいる。さらに，指導員はいくら親切といっても，仕事なので，時間が来たら交代をする。親身になって相談に乗ってくれていても，それなりの限界がある。このように施設の場合，世話をしてくれる大人や同室の子をあてにできないので，施設で暮らす内に，子どもは自分のことを自分で守る姿勢が身につく。他人を信用できない育ちである。

　当たり前なことをいう感じだが，家庭で育つ子どもは，親から愛され，家に居場所があるのを当然と感じて成長してくる。子どもは母親からの無限の愛情を受けとめながら，母——とは限らない，祖父母でもよいが——との間に太い絆を築いていく。「子育て支援（Ⅱ－７）」の項でもふ

Ⅱ　子どもにとっての家庭

れたように，この母と子との絆が人間関係の土台となり，その後，父，きょうだい，祖父母などに絆の数を広げていく。しかし，虐待を受けた子は，人間としてもっとも信頼できるはずの実の母または父から激しく虐待されたので，他者を信じることができない育ちをしている。そこで，里親のもとに来た時，この人を本当に信頼してよいかを試す行動にでる。里親に向かって，思い切った悪態をつく。あるいは，わざと粗相をしてみる。そうした行為を里親が受け止めてくれれば，子どもは里親を信頼するようになるが，試される里親の心理的な負担は大きい。

　そう考えると，親からの虐待を受けた子の育成には，家庭的な雰囲気の中で，もう一度，里子を乳幼児の頃に戻し，人に対する信頼という絆を築き直すことが重要になる。実際に，多くの社会では，虐待を受けた子を家庭ベースで養育する「フォスター制度」が定着している。家庭的な養育率はノルウェー 87％，イギリス 72％，アメリカ 77％などだが，欧米の例を挙げるまでもなく，虐待を受けた子の育成に養護施設はもっともなじまない制度であろう。しかし，日本の場合，第二次大戦後の戦争孤児や家庭での育児困難などの事情が加わって，各地で養護施設が設置された。そこで，その施設を使って，虐待を受けた子を収容することになった。皮肉な話だが，児童養護施設があることが，施設での養育を定着させ，家庭的な養育の増加を妨げた印象を受ける。

　日本の里親委託率は，平成 15 年の 8.1％から，20 年の 10.5％，24年の 14.8％と順調な伸びを示している。厚労省は「委託率 30％」を目指しているが，実現の可能性も見えてきている。しかし，これまで100 人を超える里親と面接してきた感想を述べると，「里親は疲れている」の一語につきる。たしかに，里親手当は 1 人目の月額 72,000 円（2人目が 36,000 円）で，それに生活費月額 47,680 円（乳児は 54,980 円）やその他の学費も支給される。したがって，経費的には，充分とはいえないまでも，かなりの配慮がされているのが分かる。

　そうなると，これまでふれてきたように，人なつっこく素直な里子を

87

委託されれば，トラブルの少ない里親人生を過ごすことができる。それ
でも，見ず知らずの血の繋がってもいない子を24時間態勢で育てるの
であるから，「養育」というより「療育」に近い営みであろう。しかし，
反社会性が強く，心の通い合わない里子を預かった場合は，療育の困難
度はさらに増して，里親は，24時間，心の休まる時がなく，徒労に近
い感じの日々を過ごすことになる。

**里親の療育の抱える問題点**

　平成28年1月，厚労省は，児童養護施設の子どもの中で，28.5％に
達する発達障害の疑いのある者への対応として，発達障害の専門家を施
設に派遣してスタッフの助言・指導にあたる構想を発表した。施設内に
専門家を抱える養護施設でも，外部からの援助の手が必要といわれるが，
里親の場合，多少のキャリアのある専門里親制度（平成27年は6.8％）
があるといっても，大多数は実親との縁の薄い子を善意で預かろうとす
る普通の人に過ぎない。もちろん，里子にとって，そうした普通の親の
許での養育が望ましいのだが，現状では，善意な里親のもとに，扱いの
困難な子が託され，里親は悪戦苦闘している感じである。

　もちろん，子どもが幼い時など，委託時に障害の程度が分からないこ
ともありうる。したがって，とりあえず，里子を受け入れて様子を見る。
そして，養育できそうな子は里親に預けるが，養育の困難な子は児童相
談所に戻し，そうした子は専門家の手の行き届く養護施設で養育しては
と思う。しかし，現実問題として，施設は扱いやすい子を囲い込み，難
しい子を我々に回していると里親から聞くことが多い。その声に邪推と
はいえないものを感じる

　多くの里子が虐待を受けているから，ある程度の養育困難はやむを得
ないとしても，養育にあたり，養育の過程を観察しながら。軽度の場合
は里親，中度は専門里親，重度は養護施設というような子どもの状況に
応じたきめ細かな対応の仕組みを作ることが急務であろう。そうした形

で里親への委託率を高め，欧米並みに，実親との縁の薄い子の5割を里親が養育するのが理想の形である。

　なお，里親の養育が軌道に乗る頃，実親が登場して，親権を盾に，里子を連れ去る事例を見聞きする。子どもにとって，実親の子育て環境が劣悪だと分かっていても，現状では，親権が絶対的な意味を持つ。しかし，虐待などが顕著だった場合，里親の養育期間中は実親の親権を停止し，里親に期間限定の養育権を与えることが，子どものウエルビーイングにつながるように思う。そして，虐待を受けた子が，成人してから，改めて，実親との関係を法的に確定してはどうかと考える。

　また，里親の養育は20歳まで延期することができるが，20歳では社会的な自立は困難であろう。実際に多くの里親，正確には，元里親は，20歳を過ぎた元里子と関わり，就職や住まいの保証人となったり，住まいを提供したりしている。中には，100万単位の借金を元里子に代わって，支払った里親もいる。里親は親代わりの存在なのであろうか。

　平成28年3月に，全国の児童養護施設を対象として，子育て支援に関するアンケート調査を実施する機会があった。その結果によると，回答のあった332施設（回収率55％）の内，「勤務者が疲労している」という回答が100.0％だった。中でも，扱いの難しい子への対応に苦慮しているが68.4％に達した。児童養護施設には社会的な養護に熟達した専門職員が常置している。それでも，外部からの専門家の支援を求めている。先に扱いの極めて困難な子は養護施設の専門家の手に委ねたいと述べたが，その施設が対応の困難さを訴えている。それだけ，虐待を受けた子の養育が困難を伴うものなのであろう。問題を解決しても，また先に新しい難問が登場してくる感じである。

# 9 父 親

## 「道具的」と「表出的」

大学院の博士課程の頃，教育社会学のゼミは，パーソンズ（T. Parsons）の『Family』の原書講読と決まっていた。構造機能分析を代表する理論社会学の旗頭の著作だけあって，読解が進まず，3年目に入っても，原著の半分以上を読み残していた。特に，繰り返し登場する「Instrumental」と「Expressive」という用語が難物だった。前者は集団の成員に目標を示して集団を統率する力，後者は集団の成員に充足感を与え集団の緊張を解く力を意味するのは分かった。そして，家族に則していえば，前者は父性を，後者は母性をさすように思う。しかし，パーソンズは行為の一般理論の構築を目指しているから，それなりの訳語が必要になる。

抽象的な用語だが，意味をとらえるなら「統率力」と「充足力」となる。しかし，意訳に過ぎるというので，原語の感覚を生かした訳語として，友人が「道具的」と「表出的」を考えた。やがて翻訳の話が起き，友人たちの『Family』の邦訳『核家族と子どもの社会化』（橋爪貞雄他訳，黎明書房，1971年。後に『家族』と改題）には，「道具的」と「表出的」が使われ，現在では訳語として定着している。

なお，同じ時期，精神医学の世界から，ユングの「切る」と「包む」の概念が提起（河合隼雄『母性社会日本の病理』中公叢書，1976年）され，専門の枠を越えて，研究者に大きな衝撃を与えた。パーソンズとユングは思想の根底を異にしているが，両者の発想に共通する部分が多く，大きくつかむと，「父性＝道具的＝切る」と「母性＝表出的＝包む」の関係が成り立つ。そこで，もう少し嚙みくだき，父性を「切る＝引っ張り型」，母性を「包む＝受け止め型」としてとらえると，「Instrumental」と

「Expressive」を，何となく納得できる感じもしてくる。

## マミー・トラックとダディ・トラック

2013年，ボストンレッドソックスがリーグ優勝し，MVPに選ばれたクローザーの上原浩次がインタビューを受けた。その時，同席したユニフォーム姿の7歳の長男が流暢な英語で答え，マスコミの人気をさらった。もっとも，上原は，通常でも，ホームティームの場合は，長男と一緒に球場に来て，親子でウオーミングアップをしているという。

MLBは広大なアメリカを移動して，ほとんど休みなしにゲームを行う。しかも，ナイトゲームが多い。そうなると，大リーガーは家庭に不在がちで，「仕事─家庭（Work─Family）バランス」のトラブルを生じやすい。その対策として，ホームティームの時は，球場内に家族用のスペースがあるのはむろん，ビジターの場合も，球団が家族の宿泊先を用意している。

もちろん，これは大リーガーの場合で，成績が落ちれば，すぐに，マイナー行きとなり，大リーガーの特権は剥奪される。それだけに，上原投手の事例は，マイナー・リーグの選手から見ると，雲上人の世界だ。それだけに，上原投手は，クローザーとしての凄さは別に，家庭人としての人間性を見せるのも，大リーガーの使命となる。

大リーガーに限らず，アメリカでは，個人を評価する際，日本以上に，家庭人としての側面が重視される。大統領選挙やその他の議員選挙でも，家族の占める割合が大きい。男性の候補者の場合，家族から慕われる包容力のある父親像を演じることが要請される。もちろん，社会（職業）人としてのキャリアが評価の基準で，より正確には，社会人としての安定性に，家庭人としての信頼が加わった時に理想の候補者像となる。先のパーソンズの図式に関連させるなら，「道具性」に「表出性」が加味された時に，理想の父親が誕生する。

女性の場合は，男性以上に，家庭人としての側面が評価される。そう

した中で,「マミー・トラック」（Mammy Track）は,職業人としてのキャリアより母としての生き方を優先させる生活選択で,これまでは,敗者の道と見なされてきた。しかし,近年,特に高学歴の女性の中で,マミー・トラックを積極的に評価する機運が強まっている。企業内のラット・レースに巻き込まれるより,地域に根を下ろして家庭を大事にする生き方の方が,自分らしさを発揮できるという人生観だ。そうした女性の意識の変化に対応するように,仕事中心の生き方を優先させてきた男性も「ダディ・トラック」（Daddy Track）を意識する動きが見られる。たしかに,アメリカの企業社会は生存競争が厳しいから,職業生活優位の生き方に疑問を感じ,地域や家庭に意義を見出す生き方をする男性が増加するのも納得できるような気がする。

　もっとも,筆者の目には,アメリカの男性は家庭を大事にしているように見える。開拓の歴史を反映して,ペンキ塗りや庭の手入れなどの外回りは男性の仕事と見なされてきた伝統がある。加えて,ジェンダー・フリーの流れの中で,専業主婦が家を支える中間層文化が崩壊し,社会参加を目指す女性が一般化した。その分,家庭にコミットする男性が増加している。加えて,アメリカというと摩天楼を連想しがちだが,実際は自然に囲まれながら,地域社会でゆったりと暮らしている人々が多い。そうした事情を視野に入れると,地域での暮らしに充足感を持てるので,今後,ダディ・トラックを柔軟に受け入れる男性が増加するようにも思われる。

　近年,アメリカでは「ジェネレーション Y（GenerationY, エコー・ブーマー Echo Boomers ともいう）」世代に注目が集まっている。ベビーブーマー世代の両親の間に生まれた子どもで,伝統的な企業社会の疑念を抱くと同時に,デジタル化された生活に慣れた成長を遂げている世代でもある。それだけに,この世代は,アメリカ本来の開拓者的な男性像からの脱皮に抵抗はないように思われる。その結果,アメリカの男性も,企業と距離を置き,家庭を中心とした私生活に比重をかけた生き方を選択

するようになるかもしれない。

### パパクオータ制の社会

　ノルウェーで，史上初のパパクオータ制が導入されたのは 1993 年だった。1990 年に労働党中心の左派連合で誕生し，その中心政策の一つがパパクオータ制の導入による男性の育児関与の促進だった。それまで，父親の育児休暇は認められてはいたが，取得率は 5 ％程度にとまっていた。そこで，父親の育児参加を促すため，育児休暇 44 週（給与の 10 割支給の 44 週と，8 割支給の 54 週との選択）の内，父親に 6 週，母親に 9 週を割り当て（Quota ＝割当て），残りの 29 週（または 39 週）をどちらかが取得する制度である。父親が 6 週の休暇を取らない場合，6 週分の権利が喪失し，育児休暇が減ることになるので，10 年後の 2003 年，男性の休暇取得率は 9 割に達した。その後，父親への割当ては徐々に延長され，2013 年には 14 週になった。

　なお，パパクオータ制は，1995 年にスウェーデン，1999 年にデンマーク，2004 年にドイツのように，北欧を中心に広がりを見せている。パパクオータ制の概要はどの社会でもあまり変わりはないが，スウェーデンを例にとると，有給80％の休暇は最大 390 日で，父親への割当ては 60 日。使い方は，①連続でなくてよい，②2 分の 1 日，4 分の 1 日休暇を認める，③生後 30 日以降は，両親が同時に休暇を取得できない，④シングルの親はクオータなしで 390 日，⑤実子でなく，里子でもよいなどの規定が見られる。

　日本ではパパクオータ制に焦点が集まりがちだが，数度，スウェーデンを訪ねた経験からすると，子育てについての社会的な風土の違いを感じる。たしかに，子どもと時間を過ごす父親の姿を見かけるが，職住が接近（大半が 15 分程度）している上に，フレックス制の勤務体制をとる人が多い。そのため，4 時過ぎには，保育所（Fritidshem, 余暇ホーム）に子どもを迎えに来る親が多く，4 時半まで残っている子は少ない。

消費税が 25%，所得税も収入の３割から５割と税負担は高いが，保育費から教育費，医療費などの保証は完璧なので，親たちはゆったりと暮らしている。豊かとはいえない社会だが，性差を生理的な差にとどめ，父と母とが協力して子育てをしている感じだ。なお，子育ての組み合わせの内，事実婚（サンボ，Sambo，法律婚へ移行する事例も多い）が半数を超えると同時に，パートナー（同性婚）も５％程度に達する。

### 女性優位の実験社会

ノルウェーでは，パパクオータ制だけでなく，クオータ（割当て）制を導入して，女性の社会的な進出を制度的に促進する政策がとられている。1988 年には，議会や審議会などの構成で，一方の性が４割を下回らない規定が成立し，女性の委員比率は自動的に４割以上になった。実際に，2013 年の総選挙で政権が交代したが，20 人の閣僚中，連立内閣の党首２人（一人は首相）を含む 10 人は女性である。また，上場企業の重役の女子比率を４割以上と割り当てたので，2014 年の比率は44％に達している。さらに，2015 年から，史上初めての女性の徴兵が実施される。性差のない社会を目指すのなら，軍隊も例外ではないという考え方だと聞く。

ノルウェーの状況に，意欲的な実験社会作りというイメージを抱く。人類の半数を占める女性の能力を 100％発揮できる社会を制度的に作りたい。そうした理想はかなり実現し，女性は，「家庭と職業（Family―Work）」の両者を手にした印象を受ける。そして，男女半々というものの，現実的には，女性優位の社会が実現している。しかし，女性が劇的に進出した反面，男性は政治，企業，研究などの多くの領域でポストを喪失している。そうした状況を男性はどう感じているのか。ダディ・トラックが身近な問題となった中で，父親は何を支えに生きていくのか。機会を見て，北欧での父親のアイデンティティを調査したいと思っている。

Ⅱ 子どもにとっての家庭

もっとも，これまでの社会では，女性が男性を支えてきたが，21世紀を迎え，男性が女性を支える仕組みの社会があってもよいのかもしれない。そうなると，やや極論をすれば，社会志向の強い母親と家庭志向の強い父親という組み合わせの社会が出現する。こうした動向を視野に入れると，本稿の冒頭でふれたパースンズ図式は，性差を固定された対比の形でとらえる20世紀的な発想で，現代社会での妥当性を喪失した印象を受ける。

### 「キロギ・アッパ（雁アッパ）」の悲哀

韓国では，2000年頃から，「雁アッパ（キロギ・アッパ）」の言葉が広まった。海外で暮らす妻子に送金をする父親のことで，全国で2万人に達するという。もともと学歴競争の熾烈な韓国では，英語圏の大学への進学に人気があった。しかし，その動きが低年齢化し，小中学生期からの海外への移住が増加した。たしかに，子どもの頃から英語文化圏で暮らせば，英語が完全に身につき，アメリカのトップ・ランクの大学への入学も可能となる。そうなると，子どもの世話のため，母親も渡航することになり，一家は離散する。しかも，現地では，進学のために中流階層以上の暮らしが求められるから，学費や住居費，母と子の生活費などに年間800万円程度が必要となる。もちろん，留学家庭の父親は一流企業の管理職層が多いが，それでも年収は600万円程度なので，生活費を切り詰め，貯金を取り崩し，時には自宅を担保に借金をして送金を続ける。妻子に会えるのは年に1度程度の「雁アッパ（キロギ・アッパ）」である。自由に何往復もできる富裕層の「鷲アッパ（トクスリ・アッパ）」は少数例で，中には，まったく渡航できそうもない「ペンギン・アッパ」の姿もある。そうした生活が長引くと，生活苦に孤独感が加わって鬱状態となり，自殺するアッパが社会面を賑わす。

しかし，キロギ・アッパは，教育加熱する韓国の氷山の一角に過ぎない。ソウルの幼児教育で人気のあるのは英語を教える幼稚園だが，中で

95

も，外国人の経営する英語幼稚園に志望者が集中する。また，休みの時期，宿泊型の英語村に人気が集まる。もちろん，小学校も，有名私大の付属で，ネイティブの教員を多く抱える学校の入学倍率が高い。もともと，韓国では補習教育が盛んで，小学生でも月に4万円程度の塾費用を払う家庭が多いが，英語幼稚園だと，入園時に30万円，月謝が15万円程度，その他の費用を含めると，かなりの出費となる場合が少なくない。

　したがって，韓国の父親は，キロギ・アッパ程でないにしても，多額な教育費を支払える稼ぎを求められる。何といっても，経済力が父親の権威を象徴する社会なので，専業主婦の妻を持つことが男性のステータスとなる。そのため，ソウルの文教地区・カンナン地区に妻子を残し，自分は地方都市で働く「雀アッパ（チャムセ・アッパ）」の姿もある。

　韓国の父親は家系を大事にする。祖先から受け継いだ家系の中で，子どもをきちんと育て，次の世代に家系を託す。それを「族簿（家系図）」に残すのが，父親としての生きてきた証である。そのために，キロギ・アッパ的な状況にも耐え，子どもの成長に期待を託すのが父親らしさとなる。冒頭のパーソンズ図式に戻るなら，現在の韓国では，「道具的」を備えた父親の存在が生き続けているのを感じる。

　韓国では，386世代（1990年代に30代で，80年代に大学を出て，60年代に生まれた世代）が現在の韓国社会をリードしているといわれている。この人たちは，学生時代に反体制デモを展開した体験を持ち，権威を嫌う世代なので，韓国伝統の族簿的な父性像に懐疑的だともいわれる。しかし，2010年代に入ると，「三放世代」（恋愛と結婚，出産を諦めた世代）が流行語となり，その後，マイホームと人間関係を断念した「五放」，それに，夢と希望を持てない「七放世代」が増加しているという。そうなると，キロギ・アッパは386世代の名残で，韓国の父親像もこれから先大きく変わってくる感じがする。

## そして，日本の父親

　これまで駆け足で，アメリカとノルウェー，韓国の父親の姿を紹介してきた。これまで，父親の姿は職業のあり方と関連するが，母親は普遍的な実体概念だといわれてきた。子を産み育てるという面では，どの社会の母親像にも共通するものがあるという指摘である。しかし，どの社会でも，社会参加を求める母親が増加している。そうなると，性差の存在を前提とした父親像が世界的に変貌していく可能性が強い。もちろん，現状では，仕事と家庭のバランスに社会による開きが見られる。そうした中で，職業面の比重の軽いのがノルウェーであろう。母親が対等に社会参加し，父親の家庭参加も顕著なので，図式的な捉え方をすると，父親の職業と家庭との比重は半々になる。それに対し，アメリカの平均的な父親の仕事対家庭の比率は6：4程度，そして，キロギ・アッパの韓国は9：1という感じである。

　同じ儒教の国なので，中国の男性も仕事優先と思いがちだが，内戦の期間が長く，男子が兵役に従事する状況を女性が支えたので，女性の社会進出の目立つ社会である。加えて，文化革命の時期，そして，一人っ子政策の長期化などの影響もあって，家庭を訪ねても，料理のうまい男性に出会う。ノルウェーと背景を異にするが，家庭を大事にする男性の多い社会である。

　しかし，どの社会をとっても，アメリカの「ジェネレーションY」や韓国の「三放世代」に象徴されるように，性差を固定的にとらえ，「（家にいるから）君作る人。（働いているから）僕食べる人」的な父性像は急速に喪失している。その典型がノルウェーの「クオータ制」社会であろう。

　そうした中で，日本の父親の場合，韓国程でないにせよ，これまで8：2程度で，職業生活を優先させてきた印象を受ける。しかし，日本でも，年功序列の体系が崩れ，企業に一生を託しにくい時代を迎えている。加えて，男性の平均寿命も80.2歳（2015年）にのび，65歳で定

年を迎えた場合でも，そこから 15 年の歳月が残る。さらに，1980 年に 35.5％だった共働き世帯率が，1990 年に 50％を超え，2014 年に 59.9％に達している。もちろん，共働きといっても，パート勤務の女性が多いが，母親が社会参加する傾向はますます強まると考えられる。それだけに，若い父親世代に職業に重心を置きすぎるのを避け，「仕事は収入を得る手段」と割り切り，地域人や家庭人としての自分作りを目指すタイプが増加している。イクメンの誕生がその象徴であろう。その結果，冒頭のパーソンズ図式に戻るなら，日本の男性も「道具性を薄め，表出性を強める」時代を迎えている。

### 「脱男性」の意識を持つことの難しさ

　私事になるが，父親としての個人的な思い出を記させていただくなら，大学時代にセツルメント活動で知り合った 1 学年下の女性と，大学卒業後，互いに大学院に進学し，博士課程に入ってから結婚し，研究者の卵としての共働き生活を送っていた。子どもが産まれ，育児休職の時期を終え，妻は子どもを残して，大学に出かけた。祖父母に日中の子育てを頼んではいたが，負担を減らそうと，筆者も育児に加わることにした。その中で困ったのは食事だった。近くのファミレスには乳幼児の食べられるメニューはないし，スーパーの食品も心配なので，慣れぬ手つきで子どもの食事を作ることにした。といって，包丁を持ったことのない育ちなので，料理の基礎知識もない。たまたま岡本太郎の随筆を読んでいたら，貧乏画家の時代にポトフを作った記事が目にとまった。大きな鍋に，肉の塊りと人参，玉ねぎ，じゃが芋を半分程度に切って入れ，何時間かとろ火で煮込むと美味しいポトフができるという。実際にやってみると，それなりのポトフができた。翌日には，牛乳を入れ，ホワイトシチューの感じにし，その次の日には，トマトピューレを入れ，トマトシチュー風に仕立てて，子どもの目先を変えた。これが父親としての試作食の第 1 作だった。

Ⅱ　子どもにとっての家庭

　その折，もっとも当惑したのは，スーパーで野菜を買うことだった。特にネギと大根が苦手で，野菜をスーパーのバスケットに入れる時，周囲の女性の目が気になった。何となく，男性性が消滅して，女性性が増した気がする。レジの袋から，ネギやダイコンがはみ出ているのも，恥ずかしかった。現在，スーパーでは後期高齢者的な男性の姿が増え，男性がネギを持つ姿に違和感を持たなくなったが，今でも，ネギは脱男性の象徴のようにも感じる。

　実際に，父親の育児関与と育った家庭との関連をたしかめると，表10のような結果が得られる。この結果は，育児に積極的に関与している男性は，父親がゴミ捨てや皿洗いに積極的に参加している家庭で子ども時代を過ごしていることを示している。

### 表10　子ども時代の手伝い×父親の育児関与　　（％）

| 子ども時代の手伝い／父親の育児関与 | 食後，食器を流しへ持っていく（A） | 風呂の掃除をする（B） | 家のごみをすてる（B） | 食後，皿を洗う（C） |
|---|---|---|---|---|
| 育児関与・多い | 47.4 | 37.2 | 25.2 | 17.3 |
| ・普通 | 46.1 | 25.4 | 18.6 | 15.6 |
| ・少ない | 27.7 | 18.5 | 15.1 | 8.4 |

A＝p＜0.001，　B＝p＜0.01，　C＝p＜0.05
（深谷昌志編『育児不安の国際比較』学文社，2008 年）

　その他の数値は割愛するが，育児に関与する男性の場合，彼の父親も家事を手伝っている男性という結果である。したがって，イクメンは，性差意識の少ない家庭で育ち，当然のように，家事手伝いをしていた。そして，結婚後も，妻が妊娠の時期，家事を担う暮らしを送っている。つまり，固定された性差意識から解放された社会化の過程をたどってきた父親である。そうなると，男性規範の強い育ち方をした男性に，父親になってから積極的な育児関与を求めても，無理な話となる。「イクメン」

99

は育ちの産物で，泥縄式に作れるものではないという感じである。

　最後に筆者の話に戻るなら，子どもが育つ過程でも，それなりに家事参加をしていたつもりだが，壮年期は研究にも追われ，家事はやっつけ仕事だった。そして，現在は，多少時間がとれるようになり，ゆったりと家事をできるようになった。その際，20年間のやっつけ家事のキャリアが生きた。修業10年は家事にもあてはまるらしい。そうだとすると，若い父親も片手間の参加でよいから，家事に参加することが，良き晩年を保証する近道のように思われてくる。

# Ⅲ　地域での子どもの暮らし

# 10　遊　び

## 「遊ぶ」のが子どもらしさ

　「遊びをせんとや生れけむ，戯れせんとや生れけん，遊ぶ子供の声き
けば，我が身さえこそ動がるれ」

　『梁塵秘抄』は治承年間（1180年前後）に作られた歌謡集と聞く。

　「我と来て　遊べや　親のない雀」

は，3歳で生母と死別し，継母と不和だった一茶（1763－1827）が，
子ども時代の淋しい心情を吐露したものと評価されている。遊びで心の
空白を埋めようとする一茶の気持ちが心を打つ。

　大田才次郎編の『日本児童遊戯集』（東洋文庫122，平凡社，1968年）
には，明治34年頃の各地の子どもの遊びが収集されている。東京の項
を見ると，183種類の遊びが並んでいる。筆者は昭和10年代半ばに東
京の下町で，子ども時代を過ごしているが，「石蹴り」，「お山の大将」，
「鬼ごっこ」，「かいぼり」，「手拭い引き」など，同書に収録されている
6割以上の遊びには思い出がある。明治から大正，そして，昭和へと，
年上の子から年下の子へ，遊びが受け継がれたのであろう。

　自伝を読んでいると，時代や地域を越えて，ほぼ全員が子ども時代の
思い出として遊びに多くのスペースを割いているのが分かる。例えば，
社会主義者として知られる片山潜（安政6（1859）年生まれ）は岡山
の久米郡で子ども時代を過ごしている。そして，子ども時代の思い出と
して，木登りやかくれんぼ，ドジョウ掘りなどの紹介に多くのページを
割いている。もっとも，田植えや田の草取り，芝刈りなど，多くの村人
の中に加わった農作業の思い出も遊びに含めている。子どもにとっては，
田植えも楽しいハレの日だったのであろう。（片山潜『自伝』「日本人の
自伝」8，平凡社，1981年）

Ⅲ　地域での子どもの暮らし

　『鳴門秘帖』や『宮本武蔵』で知られる吉川英治（明治25年，横浜育ち）は，家の斜陽化や継母との不和など，苦労の多い子ども時代を過ごしているが，自伝の中で，「童戯変遷」の章を設けて，遊びを回顧している。そして，メンコ，根っ木，ブランコ，縄跳び，ラムネの玉遊び，コマ，凧，石蹴り，竹馬，金輪廻しなどの遊びをあげている。根っ木や金輪廻しのように説明の必要な遊びもあるが，多くは現在でも通用しそうな遊びである。そうした中で，「メンコや根っ木みたいな博打的遊戯は，決していいとはしていなかった。ぼくなども隠れてやっていた」という。なお，「根っ木」は尖った棒で「釘刺し」と同じように地面を刺す遊びである。（吉川英治『忘れ残りの記』角川文庫，1962年）

### 街に子どもが群れていた

　小学唱歌の「故郷（ふるさと）」は，以下の出だしで始まる。

「兎追ひし　彼の山

　小鮒釣りし　彼の川」

　子ども時代を思い起こしても，筆者には兎を追った経験はないし，小鮒を釣った思い出も少ない。東京の上野駅前の育ちなので，周囲に山もないし，墨田川までは遠い。しかし，メンコやビー玉の盛んな時代なので，放課後，家の周りで，近くの腕白仲間と遊びまわる日々を過ごした。その頃，遊びの種類は年齢によって区分され，ビー玉は幼稚園から小学低学年生の遊びで，メンコの中心は3，4年生だった。ベーゴマは高度の技術が必要なので，高学年生の遊びだった。道路でベーゴマを擦り，重心の低いベーゴマを作り，角を尖らせて反撥力をつける。会心の作がなかなかできず，どの子もコマの強弱で序列をつけ，エースのコマは懐にしまい，ここ一番の時まで隠すのが常だった。そして，5年生と6年生とでは実力の差があるので，5年生とベーゴマをする時は，取られてもかまわない二軍クラスのコマで遊んであげるのが6年生の貫禄だった。

　遊んでいる内，何人かの紙芝居屋がくる。客寄せにラッパを吹く紙芝

103

居師もいれば，小太鼓を叩く者もいて，街角は賑やかだった。それに，子どもの社交場・駄菓子屋もあった。そうした紙芝居屋と駄菓子屋の作る空間が子どもの世界だった。なお，男の子とは別に，女の子も群れを作り，縄跳びや鬼ごっこなどに興じていた。高学年になると，女子の中に気になる子も出てくるが，そ知らぬふりをして，男女ともまじりあわないのが子どもの群れだった。

　そうした時間を過ごし，夕方になると，「○○，ご飯だよ」の母親の声が聞こえ，「カエルが鳴くから，カエロ」と家路につくのが日課だった。「ALWAYS 3丁目の夕日」は昭和33年の下町の暮らしを描いているが，実際の下町はもっとごみごみし，雑踏の中で時間が過ぎていった。筆者の実家は古くからの下駄屋で，番頭や何人もの小僧さんがいたが，親は商売に追われ，子どものしつけに関心がなかった。だから，年上の子や駄菓子屋の老婆，風呂屋の頑固オヤジなどから，善悪を教えてもらいながら，町の子として育っていった。そうした中で，学校はいわばヨソイキの場で，学校のルールは学校内だけ，街角では子どものルールが支配していた。学校のセンセイはメンコやベーゴマは賭け事というけれど，どの子も右から左と聞き流し，強いベーゴマ作りに熱中した。しかも，子どもの群れは小学生までの世界で，中学生になったら，群れとの縁を切って，群れに関わらないのも，下町の子どものルールだった。

### 遊びが変質した

　多才な芸能活動を展開した小沢正一（昭和4年）は蒲田で子ども時代を過ごしているが，自伝の中で，「今すぐ思い出すものだけでも」と断りながら，おにごっこ，かくれんぼ，水雷艦長，西洋陣とり，押しくらまんじゅう，チャンバラごっこ，ドッジボール，探偵ごっこ，石けりなど，74種の遊びをあげ，「まだまだ際限なくあるだろう。それに，駄菓子屋へ行く，紙芝居屋が来る。物売りが来る。（中略）あの頃の子どもは実によく外で遊んでいたものだ」と回想している。それだけでは不

104

足なのか，章を改めた「相撲メン　鯱の里編」で，「明けても暮れても，朝，昼，晩。夜は枕もとに積み重ね，何枚か手にしっかり握って寝たものだっけ」と，相撲メンへの傾倒ぶりを記述している。（小沢昭一『わた史発掘』文藝春秋社，1987年）

　小沢の子ども時代は昭和10年代だが，50代以上の人なら，あげられている遊びの大半に共感を持てる気がする。つまり，明治，大正，昭和と，時代を超えて，遊びが継承され，遊びに共通のイメージが持たれている。かくれんぼや鬼ごっこが，その典型であろうが，遊びには，①屋外で，②何人かの子と，③体を動かすなどの特性が見られる。

　それに対し，現在の子どもはどんな遊びをしているのか。かくれんぼや鬼ごっこに興じる子どもの姿を見かけなくなってすでに久しい。そして，遊びかどうかはともあれ，子どもはケータイやスマホ，ゲームなどに接して時間を費やしている。その他に，子どもの周りにテレビやマンガ，サウンドもある。そうしたスマホに費やす時間を遊びと考えるなら，現在の遊びには，①室内で，②一人きりで，③体を動かさないなどの特性が見られる。

　「テレビを見る」や「スマホをする」を，遊びに含めるかは意見の分かれるところだ。「かくれんぼ」などの「群れ遊び」を子どもの遊びの原点ととらえるなら，子どもがテレビに見入り，かくれんぼをしなくなったから，遊びが「消滅」したことになる。しかし，スマホもテレビも自由時間の使い方と考えるなら，子どもの遊びが「群れ型」から「孤立型」へ変質したことになる。これは，「遊び」をどうとらえるかの問題で，「遊びの変質」という立場でいえば，スマホの時代を迎え，遊びの「孤立化」がさらに進んだという結論になる。


### 「豊かな遊び」から「貧しい遊び」へ

　「遊び」には，多くの優れた先行研究があるが，ヨハン・ホイジンガはホモ・ルーデンス（遊ぶ人）の特性を「自発性」としているし，ロジェ・

カイヨアも，遊びの特性として，「非生産性」や「不確定さ」と並んで，「強制されない自由さ」をあげている。

　成人の場合，余暇を労働と対比してとらえることが通例だが，たしかに，労働は，収入を得るための拘束性の強い活動なのに対し，余暇は拘束から解放され，自由に自主的に時間を活用することを特性とする。そして，この大人の余暇論を子どもにあてはめるなら，大人の労働にあたるものは勉強となる。子どもは，勉強をするために学校へ通うことを義務付けられ，学校では，教師の指示に従って行動することが求められる。見方によると，勉強は子どもが社会的な規範を身につけていく過程である。それに対し，遊びは，強制されない自主的な営みという点で，勉強と対極に位置づいている。

　子どもが大人になる過程を考えた時，大人の指示に従う「勉強」の側面と自分で行動を起こす「遊び」の側面との両面に身を置くことが重要になる。その際，勉強での「従順」と遊びでの「自主性」のバランスが大事になるが，現在の子どもは勉強が力説される反面，遊びの重みが減少している。特に，子どもの遊びが孤立型へ推移し，子どもの自主性を育てる場が少ないのが気になる。そこで，もう一度，かつての遊びの世界に戻って，遊びの意味を考え直してみよう。

　「鬼ごっこ」でも「水雷艦長」でもよいが，遊んでいる内に，子どもは心身ともに成長していく。そうした遊びの効用を拾い上げると，①外で体を動かすから，健康を増進する。②遊びの中で，創意工夫を凝らすので，意欲が育つ。③友だちと遊ぶことを通して，人間関係の持ち方を覚える。それと同時に，④子どもだけで集団を作るので，集団での行動様式が身につく。あるいは，⑤遊びを通して，気晴らしができるなどとなる。そうした意味では，群れ遊びは，子どもの心身ともの成長を促す「豊かな遊び」となる。

　それに対し，テレビやスマホは，①体を動かさないし，②友も増えないし，まして，③集団的な行動も身につかないし，④創意工夫も少ない。

Ⅲ　地域での子どもの暮らし

したがって，子どもの成長を促さない「貧しい」遊びとなる。そう考えると，「群れから孤立へ」の遊びの変化は「豊かな遊びから貧しい遊びへ」ととらえることも可能であろう。

### ギャング集団の中での暮らし

「スタンド・バイ・ミー」（1986年）は少年期の心情を描いた名画の一つだが，冒頭で，12歳の4人の男の子が木の上に秘密の隠れ家を作る場面が登場する。隠れ家では，タバコを吸ったり，秘密の約束をしたりして，仲間意識を強め，その後，死体探しに森に立ち入ることになる。

「スタンド・バイ・ミー」が心を打つのは，多くの人が，自分の子ども時代を連想するからであろう。映画ほど劇的ではないとは思うが，ある年齢から上の世代は「秘密の隠れ家」の思い出を持つのではないか。そうした隠れ家には，①同性の異年齢の子が集まり，②固定したメンバーが，③集団内に序列を作り，④集団としての決まりがあって，⑤縄張りを作って，⑤遊びの形で，時には逸脱行為を行うなどの特性を持つ。

シカゴ大学の研究者は，子どものそうした姿がアル・カポネに象徴されるギャングを連想させることから，群れ遊ぶ子どもの群れを「ギャング集団」，そうした群れを作りやすい年齢を「ギャング・エイジ」と名付けた。なお，語源的には，「ギャング　gang」に，「統率者の下にいる労働者や囚人の群れ」的な意味を持つことを付記しておく。

筆者は東京の上野駅の近くで少年時代を過ごしたが，隣家の物置が隠れ家で，8人で群れを作っていた。メンコを加工して作ったワッペンがメンバーの印で，隠れ家に入る時は，そのワッペンを示して，「エイ」というのが決まりだった。そして，自宅から下谷小学校までの500メートルほどの間に，8つの群れがあり，相互に親密や敵対の関係があった。時には敵対するグループがわれわれの隠れ家を襲撃してくる。そのため，低学年のミソッカスの子を保護するのもメンバーの大事な務めだった。ミソッカスが他の群れからいじめられた時，放置すると意気地なしとい

107

われるから，こちらから襲撃に向かう。当然，向こうも反撃してくるので，互いに緊張した毎日が続く。学校の登下校も，敵対する群れのいる地域を避け，友好関係にある群れづたいに通うのが常であった。

そういえば，近くの不忍池から禁断の大きな鯉を取り，鯉を抱えて，広小路を走り抜けたことがあるが，これは，他のギャングに自分たちの勇猛ぶりを示す示威行為だった。それ以上に評価の高かったのは，校区の端に子分たちを待たせ，単身で，隣の金曾木小学校の校門の前に行き，大声で，「金曾木学校，ぼろ学校，よくよく見ても，ぼろ学校」と2回どなる行為だった。その頃，校区内でも緊張を伴うのに，他校の校区は全く未知の敵地で，今の子がアメリカへ行く以上に，校門行きは勇気のいる行為だった。そして。6年生になっても，「ぼろ学校」のできない子は「意気地なし」といわれ，仲間から蔑まれるのが常だった。

## 「俗の文化」の中に身を置く

筆者は老舗の下駄屋の姉2人を持つ一人息子の跡取りで，隣家の同じ年の義ちゃんは，小さな魚屋の7人きょうだいの5番目だった。育ちの異なるそんな二人のウマが合うはずもなく，わがままで身勝手な筆者と抜け目なく動く義ちゃんとはいさかいの日々が続いた。それを乾物屋の武ちゃんが6年生として裁いてくれた。武ちゃんが高等科へ進んだ翌年は，足袋屋の憲ちゃんが大将になって，われわれの組を率いてくれた。

下町の商店街なので，どの子にも店の名がついていたが，低学年はミソッカスとして群れの周りを動き回り，中学年の下っ端を経て，6年生になると群れを率いる決まりだった。なお，高等科へ進むと，どの子も群れを卒業する習わしなので，ガキ大将は新6年生の中から一人推挙されるのが通例だった。

こうした過程をたどりながら，どの子もイエの子からマチの子へと育っていった思いがする。特に，下町の親は家業で忙しく，子どもの群

Ⅲ　地域での子どもの暮らし

れに関わらなかったから，子どもたちは，群れ内外のトラブルを自分たちで解決する必要があった。中でも，友好関係にある群れが，他の群れからの襲撃を受けた時，どう援軍を出すかなどは神経を使う選択だった。

　こうした子どもの群れは，昭和40年代に入り，家庭にテレビが普及する頃から姿を消すようになる。紙芝居の「黄金バット」よりテレビの「鉄腕アトム」の方が何倍も面白いので，子どもが家にこもる。その結果，紙芝居屋が廃業に追い込まれ，多くの駄菓子屋も店を閉め，町から子どもの声が聞こえなくなる。今から半世紀も前のことだ。したがって，ギャング・エイジを持つ最後の世代は，昭和40年頃に小学生だった人たちなので，現在は還暦前後となる。もちろん，その後でも，隠れ家を家の中に移す，あるいは，男女混合の群れになる，そして，中学生の子もメンバーに残る，毎日でなく土曜日だけ集まるなど，群れの形を変えながら，昭和の終わり頃までギャング集団の姿があったように思う。したがって，40代位の人の中にも，多少変形した形になるが，ギャング集団を体験した残党がいるように思う。

　昔から，学校での優等生は，教師の指示に忠実に従う「指示待ちタイプ」で，社会に出てから挫折しやすい。しかし，遊びのリーダーは悪戯っ子を率いる行動派だけに，がき大将は学校の落第生であっても実社会では活躍するといわれてきた。

　たしかに「学校」は望ましいことを伝える「聖の文化」の上に成り立っている。それに対し，群れ遊びは「ギャング集団」の名の通りに逸脱性を含んだ「俗の文化」の色彩を伴う。どう考えても，メンコやベーゴマは賭け事だし，かいぼり（流れを止めて，水を掻い出して，魚をとる）は田畑を荒らす遊びだった。駄菓子屋の万引きも常態化していたが，1回目は大目に見ても，何人かで万引きを繰り返すと，お婆ちゃんがすごい剣幕で叱る。子どもと駄菓子屋のお婆ちゃんとの間に，してはいけないことへの暗黙の了解があった気がする。子どもは地域という実社会の中で，俗的な行為を繰り返しながら，実社会の中での生き方を身につけ

109

ていったのであろう。

## 子どもの「フリー・デイ」の勧め

けん玉やベーゴマの復活を試みる動きを見聞する。そうした動きを試みる志を高く評価したいが，電子メディアの時代に，いまさら，メンコやベーゴマでもない気もする。それに，鬼ごっこやかくれんぼをする場所もないのが現実であろう。したがって，かつての遊びの再生は郷愁の世界の再現にとどまり，現実的な意味を持ちにくいようにも思う。

その反面，子どもが自分たちだけで過ごせる場や時間を持たないままに成長していくのが気がかりとなる。現在の子どもは，家庭で親，学校で担任の目に守られている。塾や稽古ごとへ行っても指導者がいる。その結果，子どもは，24時間，大人の目の届く環境の中で育つことになる。いわば，無菌状態の実験室の中で培養される状態なので，細菌への抵抗力に乏しく，生命力も低下してくる。しかし，子どもが成長するためには，大人の指示を待たずに，自分の判断で，そして，可能なら，仲間とともに行動する体験を持つ必要があろう。

野鳥を保護するためにサンクチュアリー（聖域）が必要だといわれる。外から鳥を観察し，環境に問題がなければそのままにするが，凶作で穀物などが不足している時は，家の軒先にくるみや脂身を置く。そして，サンクチュアリーに足を入れないようにする反面，水回りや下草の整理をして，環境の保全に努めるのが，バードウォッチングの精神である。

それと同じように，学校や家庭では，子どもの行動にすぐに介入しないで，子どもの「サンクチュアリー（聖域）」を設定してはどうか。その際，親や教師は口出ししたいのを我慢して，子どもを見守る。子どもをたくましく育てるためには，そうした「がまんの時間」が大人に求められているように思う。

もう少し，具体的な提案を試みるなら，PTAが話し合って，週に1日でよいから，「フリー・デイ」を作ってはどうか。その日をノー・ジュク・

Ⅲ　地域での子どもの暮らし

デイとし，学校は宿題を減らす。家庭も，夕方まで，子どもの外遊びを
促す。また，地域のボランティアを募り，遊ぶ子どもを見守る仕組みを
作る。校庭や公園，そして，企業や施設に子どもが遊べるフリー・スペー
スを設ける。老人ホームの開放もよいと思う。そうした試みを積み重ね
れば，子どもは活動を通して，自主性を身につけるのではないか。子ど
ものための「サンクチュアリー」（聖域）の設定である。実施にあたり，
費用はかからないから，学校と地域，家庭が一体となり，放課後児童ク
ラブや放課後子ども教室などが推進母体になれば，実現の可能性が高ま
る。健やかな子どもの成長を願って，フリー・デイの推進を求めたいと
思う。

# 11　自然体験

## 「屋外体験」の豊富だった時代

　筆者が子ども時代を過ごしたのは上野駅前の西町の商店街だった。今は，高層ビルが並び，平屋と2階屋とが密集していた昔の商店街の面影は全く残っていない。西町の商店街から西郷さんの銅像のある広場や上野動物園へは坂を上るだけだが，子どもだけで遊びに出かけた思い出はない。上野から浅草までも地下鉄で5分程の距離だが，番頭さんと一緒に行った以外に訪ねたことはなかった。ということは，子どもの世界が商店街の1ブロック，150メートル四方程度の狭い世界だったことになる。

　村で育った人の自伝を読んでいると，川で泳ぎ，時には魚をとる。あるいは，山で木に登り，木の実を食べたり，野鳥を捕ったりしている。自然に包まれ，自然の中で成長している感じがする。もちろん，昔は上野の駅前にも，トンボやセミがきたし，400メートルほど離れた不忍池には野鳥の姿があった。といっても，自然体験といえるような思い出に乏しい。しかし，家の外での体験は豊富だった気がする。家に戻ると，幼い弟や妹の世話を頼まれるし，家の前の掃き掃除や家の中の拭き掃除，もちろん，食事の手伝いもさせられる。だから，家を出たら，戻らないようにして，外で暮らしていた。一口にいえば，街角で遊んでいただけだが，少なくとも，日中に家にいることはなかった。

　先日も，子どもの頃に遊びまわっていた地域を訪ねてみた。道筋は変わっていないのだが，オフィスビルと飲食店が並び，昔の面影は全く消え去っていた。夕方の5時になると，拡声器から「夕焼け小焼け」が流れてきた。しかし，「おててつないで」は歌詞だけで，夕方の街角に子どもの姿は全くなかった。笛吹き男の音に誘われて，子どもが岩陰に

112

姿を消したハーメルンのように，夕方の街角は静寂だった。

　昔通っていた小学校へ行って話を聞いてみた。最盛期に1千名ほど在籍した児童数も，現在は辛うじて3桁を上回る程度だという。しかも，越境入学の子もいるので，校区にいる子は各学年で10人程度にすぎず，ほとんどの子は，ビルの上層階にある自宅で暮らし，塾やけいこごとを除くと，自室で大半の時間を過ごしているという。自分の部屋にこもり，テレビを見る，ゲームをする，スマホをいじる生活である。たしかに，一人で，家の外に出ても，友の姿はないし，立ち寄れそうな場所もない。そうだとすれば，子どもが家の中にひきこもる状態になるのも理解できる気がしてきた。

### 自然を守る文化的な伝統

　子どもに豊富な自然体験を持たせたいと思う。しかし，東京や大阪などの大都市圏の場合，家が密集し，当然のことながら，家の近くに原っぱなどはないし，林はおろか，大きな樹も少ない。川があっても，洪水を恐れて，川底を深く掘り，立ち入り禁止の張り紙と同時に頑丈な柵まで設けられている。

　数年前にハイデルベルクを訪ねた時，ネッカー川の堤が低く自然のままなのに寛ぎを覚えた。でも，洪水になり氾濫するのでは尋ねてみると，数年に1回位の割合で，床下まで水が来る。たまに川が溢れても，それは自然現象だから，我慢をし，昔ながらの自然のままの風景を大事にしたいという。そのため，川岸周辺の家は主な居住空間を2階にし，1階は駐車スペースや大工仕事部屋など，移動可能な空間にしていた。

　この時は，いじめ問題の資料をもらうため，ハイデルベルク在住の教授宅を訪ねたが，外見は200年以上前の建物だが，家の中は冷暖房が完備し，電子機器も整備された21世紀の世界だった。狭い階段を使っての改築工事だから，費用は倍増したが，昔ながらの街並みを守るのには仕方がない出費だと，彼は誇らしげに語っていた。

アメリカのハーバードやバークレーなどの名門大学を訪ねると，巨木が生い茂り，地面をリスが走り回り，その中に校舎が点在して，さすが学問の殿堂だと思う。そして，厳粛な感じがして，学徒である自分に誇りを感じる。しかし，バークレーにしても，あの広大な敷地に自然の雰囲気を保つのに毎年かなりの経費が必要となろう。それでも，自然の雰囲気を保つのが大学のアイデンティティという姿勢を取り続けてきた大学の見識に敬意を払いたいと思う。

東京でも井の頭公園や石神井公園などを訪ねると，豊富な自然に出会える。駅前や団地なども自然との共存を図って地域開発をすれば，自然を残せたのにと思うと，日本の都市開発政策の貧困さやデベロッパーの視野の狭さを感じる。それと同時に，住民の自然保護意識の弱さがもたらした状況なのでもあろう。

日本橋へ行くと，橋の上を高速道路が走り，東海道53次の起点としての風情は全く感じられない。日本橋川を保存しておけば，川周辺の風情を含めて，東京のランドマークとして，観光スポットにもなったのにと思い，残念という気持ちと同時に，昔のことであっても，愚かな決定をした当事者に詫びて欲しい気がする。


### トンボにさわったことがないが6割

子どもの自然体験の不足が指摘されることが多い。しかし，それ以前の問題として，自然環境の崩壊が子どもの自然への接近を困難にしている。それに加え，スマホ文化の到来で，子どもが家にこもるようになり，子どもの屋外体験も欠落しているではないか。

そこで，実際に子どもの自然体験はどうなっているのか。東京と関西，長野の中学生，1153人（2014年9月調査）に「体験」についての調査を実施することにした。しかし，「子どもの体験」といっても多領域を含んでいるので，この調査では，体験を「自然体験」，「生活体験」，「ボランティア体験」，「教養体験」の4領域を設定してみた。この内，「ボ

Ⅲ　地域での子どもの暮らし

ランティア」体験については，次の「ボランティア活動（Ⅲ－12）」でふれるので，ここでは，自然体験に限定して結果を紹介することにする。

表11に示すように，「セミやトンボを取る」経験が「一度もない」の28.4％に，「2，3回」20.3％などを加えると，ほとんどセミやトンボにさわったことのない子は58.3％と6割に迫っている。そして，「カエルにほとんどさわったことがない」も77.1％に達する。

### 表11　自然体験 (%)

| | 一度もない | 一度だけ | 2,3回 | 3回以下小計 | 何回もある | 数えきれない |
|---|---|---|---|---|---|---|
| ①カエルにさわる | 38.2 | 10.8 | 18.1 | 67.1 | 17.8 | 15.1 |
| ②川で泳いだこと | 34.0 | 13.0 | 26.3 | 73.3 | 17.2 | 9.5 |
| ③セミやトンボを取る | 28.4 | 9.6 | 20.3 | 58.3 | 25.0 | 16.6 |
| ④手で生きた魚をつかむ | 27.9 | 11.9 | 23.5 | 63.3 | 18.1 | 18.6 |
| ⑤種をまき植物を育てる | 20.1 | 16.5 | 30.8 | 67.4 | 22.9 | 9.8 |
| ⑥一人で夜道を歩く | 18.1 | 6.2 | 17.7 | 42.0 | 26.8 | 31.2 |
| ⑦草むしりをする | 15.6 | 7.4 | 18.6 | 41.6 | 33.7 | 24.7 |
| ⑧雨で体がびしょびしょ | 4.2 | 4.3 | 14.7 | 23.2 | 35.5 | 41.3 |

ムギワラやシオカラのトンボは，敏捷なギンヤンマと違って，動作が遅いので，幼児でも摑まえることができた。だから，トンボは何度もさわっていたし，ヒキガエルはぬるぬるしていてさわりたくはなかったが，目障りなので，つまんで，遠くに放り投げた思い出がある。

この調査の実施の前に，小学生にプリテストを兼ねて聞き取り調査を実施した。セミをさわったことがない子が大半で，トンボにふれた子も少なかった。「逃げちゃうからさわれない」という子がいた。捕るためのノウハウを持っていないから，トンボはさわれない存在という感覚らしい。さわったことがある子も，羽がざわざわして気持ち悪いといって

115

いた。

## 32年前との比較

このように，現在の子どもの自然との接触が欠落しているのは明らか
だと思うが，厳密には過去との対比が必要であろう。筆者は，昭和57
（1982）年に，中学生を対象として，体験調査を実施したことがある。
実をいうと，昭和50年代でも，団地建設を中心に，都市の開発が進み，
子どもの自然からのかい離が社会問題化していた。そこで，子どもの自
然体験を中心に子どもの体験の調査を実施することにした。その結果が
残っているので，82年調査と同じ項目を使って，2014年に調査を実
施した場合，どういう変化が見られるのか。32年の間に，子どもの自
然体験がどの程度減少したのかを確かめたいと思った。（「中学生の生活
体験」（深谷昌志・深谷和子『モノグラフ・中学生の世界』Vol.13,1983
年，福武書店所収）昭和57年6月調査。東京や静岡など6中学。男子
1229，女子1170，計2399サンプル）

なお，昭和57年調査のサンプルは昭和46（1971）年生まれのいわ
ゆる団塊ジュニア世代に属する。出生数も200万人で，高校入試競争
も厳しく，「乱塾時代」や「15の春」などの言葉が流布した時代である。
いうまでもなく，平成26年の対象児は少子化の中の子どもだが，それ
では，昭和57（1982）年から平成26（2014）年の32年間に自然体
験はどう変化したのか。表が煩雑になるので，4項目に限定したが，表
12によれば，1982年の子どもの「カエルにさわったことがない（2,
3回以下）」のは43.6％で，残りの56.4％はカエルにさわっている。
カエルにふれる子が過半数を越える時代である。しかし，2014年で
は，さわっていない子が77.1％で，さわらない育ち派が大勢を占める。
それと同じように，「セミやトンボを取ったことのない」子が，18.7％
（1982年）から58.4％（2014年）へ増加している。このように1982
年の子どもは自然にふれながら成長していた。しかし，それから32年後，

Ⅲ　地域での子どもの暮らし

2014 年の子どもの世界から自然が喪失したのを感じる。

表 12　自然体験　　　　　　　　　（％）

|  | 1982 年調査 | | | | 2014 年調査<br>2, 3回以下<br>小計 | 2014 年－1982 年の差 |
|---|---|---|---|---|---|---|
|  | 一度もない | 一度だけ | 2, 3回 | 2, 3回以下小計 | | |
| ①カエルにさわる | 19.7 | 7.7 | 16.2 | 43.6 | 77.1 | 33.5 |
| ②セミやトンボを取る | 5.2 | 2.6 | 10.9 | 18.7 | 58.4 | 39.7 |
| ③一人で夜道を歩く | 8.4 | 3.3 | 13.6 | 25.3 | 42.0 | 16.7 |
| ④草むしりをする | 2.6 | 2.8 | 17.3 | 22.7 | 43.6 | 20.9 |
| 4項目の平均 | 9.0 | 4.1 | 14.5 | 27.6 | 55.3 | 27.7 |

　なお，表 13 に性別の調査結果を示したが，女子はもともと家の中に居て，外との接触が少ないが，男子の場合，1982 年と 2014 年とを対比させると，自然離れが目立つ。「セミやトンボを取ったことがない」男子は，1982 年は 9.1％にとどまるが，2014 年になると，47.6％と，半数に迫っている。

表 13　自然体験×性　　　　　　　　（％）

| 性<br>自然体験 | 男子 | | 女子 | |
|---|---|---|---|---|
|  | 1982 年 | 2014 年 | 1982 年 | 2014 年 |
| ①カエルにさわる | 21.7 | 59.9 | 66.5 | 75.2 |
| ②セミやトンボを取る | 9.1 | 47.6 | 28.7 | 70.4 |
| ③一人で夜道を歩く | 15.9 | 35.8 | 35.0 | 49.2 |
| ④草むしりをする | 27.6 | 43.1 | 17.6 | 39.9 |
| 4項目の平均 | 18.6 | 46.6 | 37.0 | 58.7 |
| （2014 年－ 1982 年） |  | 28.0 |  | 21.7 |

「2, 3回以下」の割合。

**自然体験は子どもの自信を育てる**

　すでにふれたように，現在の子は自然との接点を持たない育ちをしている。もちろん，自然体験だけでなく，屋外体験も乏しい生活スタイルである。学校に行く以外は自分の部屋にこもった暮らしは，体調を崩した高齢者のライフ・スタイルを連想させるものがある。改めて，指摘するまでもなく，そうした育ちをすれば，健康が損なわれるだけでなく，人と接していないから社会性も育ちにくい。

　このように全体としてみると，子どもたちの自然体験が乏しいのはたしかだが，それでも中には，体験を積んでいる子どももいる。そこで，2014 年調査のデータを使って，自然体験の多少が，子どもの自己像とどう関連するかを確かめてみた。結果は表 14 の通りで。自然体験の豊富な子は自分を「行動力がある」と思う割合は 43.8％だが，体験の乏しい子の行動力は 21.7％にとどまる。そして，表 15 に簡略し要約した結果を示したが，自然体験の豊富な子は，①やる気に富み，②友だちが多く，③努力をするタイプで，④行動力があると，自分を評価している。自然と接している内に自信が芽生えたのか，それとも，もともと意欲に富む子が外を動き回っているのかの因果関係は明らかでない。しかし，屋外に出て，飛び回っている子が心身ともに健康なことはたしかのように思われる。そうだとすれば，部屋に閉じこもっている子も，屋外で時間を過ごせば，活性化するのではないだろうか。

**表 14　行動力がある×自然体験**　　　　　　（％）

| 行動力がある＼自然体験 | とても① | かなり② | 小計①② | ややそう③ | あまり④ | 全然⑤ | 小計④⑤ |
|---|---|---|---|---|---|---|---|
| ①自然体験豊富 | 25.3 | 18.5 | 43.8 | 32.2 | 19.9 | 4.1 | 24.0 |
| ②中間 | 11.5 | 15.4 | 26.9 | 37.1 | 27.5 | 8.5 | 36.0 |
| ③自然体験過少 | 8.8 | 12.9 | 21.7 | 39.3 | 28.3 | 10.7 | 39.0 |
| 全体 | 14.5 | 15.6 | 30.1 | 36.3 | 25.7 | 7.9 | 33.6 |

$p < 0.001$

Ⅲ　地域での子どもの暮らし

表15　自己評価×自然体験　　　　　　　　　（％）

| 自己評価 / 自然体験 | やる気がある | 友だちが多い | 努力をする | 行動力がある | 4項目の平均 |
|---|---|---|---|---|---|
| ①自然体験豊富 | 34.6 | 31.5 | 27.1 | 25.3 | 29.6 |
| ②中間 | 18.5 | 21.8 | 15.4 | 11.4 | 16.8 |
| ③自然体験過少 | 13.4 | 15.3 | 12.2 | 9.4 | 12.6 |
| 全体 | 21.2 | 22.5 | 17.5 | 14.5 | 18.9 |

「とてもそう」の割合。各項目とも p ＜ 0.001

## 多様なサマー・ファン（夏のお楽しみ）の展開

　自然体験といっても，現在の都市の中では，意欲的に動き回らないと自然に接することが困難であろう。それだけに，自然体験としてのキャンプに期待を託したくなる。たしかに，キャンプは密度の濃い自然とのふれ合いを体験できる機会である。しかし，現在，学校や地域の主催するプログラムの多くは2泊3日程度の日程で行われている。3泊の場合でも，着いた日と帰る日があるので，ゆったりできるのは中日の1日に過ぎない。しかも，朝の集いがあると，ゆっくり寝ていることもできないし，日中も時間帯ごとに日程が組まれている。その上，キャンプの活動に決まりが多く，学校での日々がそのままキャンプ地に移動した感じがする。

　欧米の場合，夏休みが長いから，長期間の野外活動プログラムが充実している。5月中旬頃になると，地域の施設，企業や教会などがそれぞれの「サマー・ファン（夏休みのお楽しみ）」計画を発表し，参加者を募る。そこで，プログラムの内容や期間の長短，地元からの距離，参加費用などを勘案して，親子で今年の参加先を決めるのが夏前の楽しみとなる。

　アメリカのサマー・ファンは短くて1週間，中には1ヵ月の長期版もある。そして，サマー・ファンでは，子どもの自主性が最大に尊重される。オーバーにいえば，1日中，部屋にこもっていてもかまわない。

119

ただし，他の子はリーダーと自然散策をしたり，クラフト作りをしているから，部屋にこもっていると自分が損をする。そこで自分で行動計画を決め，自分から活動していくのが，アメリカのサマー・ファンの過ごし方となる。

## 野外活動の専門家育成が急務

キャンプに象徴される野外活動は，子どもの成長に資する面が多い。その反面，学校のように教室の中でカリキュラムに沿った授業を展開することはできない。すべてが自由であるから，素晴らしい野外活動も期待できる反面，退屈な，時には，危険な活動にもなりやすい。それだけに，計画を立てる指導者の力量が問われる活動である。

日本の子と現地の子を混ぜて，ハワイでキャンプ・プログラムを展開したことがある。その折，キャンプ・ファイヤの達人の技を見せてもらったが，気温や湿度，風速などで，松明にかける油の量を加減し，会の終わる5分位前に炎を最大にし，閉会の30秒前に井桁が崩れ，火が瞬間的に消え，静寂な自然に戻る。大きなショーを見た後に似た感動を覚えた。聞けば，キャンプ・ファイヤの演出だけで生計を立てているというが，充分に納得させる火さばきだった。

ハワイのプログラムでは，現地の親もボランティアとして参加していた。しかし，親は自由な立場の参加で，子どもの行動の全責任はアドバイサー，特に，キャンプ・リーダーが担っていた。その時のキャンプ・リーダーの日当は1日20万円弱で，高額と感じたが，キャンプでの動きを見ていると，指示が適切で，目が行き届き，日当は高くはないと思った。

ハワイのリーダーがそうだったが，キャンプを指導するには，その地域の気候に精通し，動植物に詳しく，文化的な背景への理解も必要になる。もちろん，救急看護などの基礎知識も求められるし，夜の星座にくわしい，野鳥の声を聞いて，その鳥の物語ができるなどの力量も身につけたい。それだけに，欧米では，キャンプの指導者には一定の資格取得

Ⅲ　地域での子どもの暮らし

が求められるが，それ以上に，指導者の指導領域の広さと深さに驚嘆することが多かった。

　イギリスでは，アメリカ以上に，キャンプ・リーダーの組織化された養成が展開されている。そして，キャンプリーダーとしての研修を積み，キャンプ運営のキャリアを積めば，キャンプの専門家として十分に生計が成り立つ程度の収入を手にできると聞いた。

　キャンプでは，子どもの自主性を認めたいと思う。そのとたんに，危険の度合いが増す。子どもにチャレンジをさせるが，決して子どもを危険にさらさない。その兼ね合いが難しい。いずれにせよ，素人が自然の旅を実施するのは危険をともなう。残念ながら，学校の教師や親が片手間でやれるほど，自然活動は甘くはない。それだけに，子どもが楽しめる自然活動を展開するには，ベテランの自然活動指導者の参加が望ましい。しかし，現状では，自然活動指導者の養成が遅れている。というより，組織的な取り組みがなされていない。どの親も子どもにたくましく育ってほしいと願っていよう。そうした気持ちが野外活動の指導者養成に集約できないのだろうか。アメリカでは，学校の教員が，野外活動指導の資格を取って，キャンプの指導にあたっている事例を見聞きする。野外指導の体験は教室の指導にも役立つと聞いた。日本でそうした展開を期待できないのであろうか。

121

# 12　ボランティア体験

## ボランティア体験を欠く子ども

　中学生にボランティア活動をどの程度行っているかを尋ねてみたいと思った。しかし，項目設定に苦労した。子どもがしているボランティア活動が浮かんでこないのである。もちろん，子どものボランティア活動というと，赤い羽根募金を連想する。駅前に列を作って，「お願いします」を連呼する。募金をしないと，良き市民の範疇から外れた感じで，子どもの冷たい視線を感じる。昨日はここで募金をしたからと避けるように子どもの側を通る。歳時記としての風情はあるが，強制色が強く，ボランティア活動とはいいにくい感じがする。

　それでも，何とかボランティア体験の項目を作り，調査を実施（2014年）することができた。結果は表16に示すように，予想通りというか，「体験が2，3回以下」が8割を超える。「一度もない」も，「駅前や公園の掃除」や「老人ホームを訪問」は7割前後に達する。

表16　ボランティア体験　　　　　　　　　　（%）

| | 一度もない | 一度だけ | 2，3回 | 2，3回以下小計 | 何回もある | 数えきれない | 何回も以上小計 |
|---|---|---|---|---|---|---|---|
| ①駅前や公園の掃除 | 70.4 | 10.9 | 12.9 | 94.2 | 4.0 | 1.8 | 5.8 |
| ②老人ホームを訪問 | 67.7 | 13.2 | 12.9 | 93.8 | 3.6 | 2.6 | 6.2 |
| ③体の不自由な友を助ける | 50.0 | 11.6 | 20.3 | 81.9 | 12.5 | 5.6 | 18.1 |
| ④体の不自由な高齢者を援助 | 43.3 | 15.8 | 22.8 | 81.9 | 12.2 | 6.0 | 18.2 |
| ⑤震災復興などの募金活動 | 36.7 | 17.7 | 26.0 | 80.4 | 13.4 | 6.2 | 19.6 |
| ⑥電車で高齢者に席を譲る | 22.2 | 12.8 | 32.0 | 67.0 | 22.4 | 10.6 | 33.0 |

122

### アメリカでの昔の体験

　ボランティアというと，40年ほど前，初めて訪ねたシアトルでの体験を思い起こす。半月ほどの滞在中，アメリカに不慣れな筆者を日系2世の教授がエスコートしてくれたが，週末になると，彼はジーパンをはき，トラックを運転して，市内の古着回収を行っていた。そして，夕方，グッドウイル（しょうがい者などを支援する施設）に古着を運び込む。また，日曜は一家でグッドウイルの食堂へ行き，朝食をとっていた。正直な感想をいえば，グッドウイルの朝食はシンプルな上に，値段もやや高めだった。それなのに，十数家族が来て賑わっていた。食堂では知的なハンデを持つ人が働いており，売り上げがその人たちの収入になるから，食事もボランティア活動になると説明してくれた。なお，食堂の横に売店があり，彼が集めてきた古着が洗濯され，プレスされて，新しい値札がついて売られていた。古着を集めるのは無論だが，買うのもボランティア活動だという。

　気の向いたときに，グッドウイルで朝食をとるのでよいから，小さなボランティア的な行動を起こして欲しい。数人の熱心な活動家より，100人の「ちょい・ボラ」がいてくれる方が力強いと，ボランティア歴20年の彼は語っていた。

　彼の話によると，シアトルのグッドウイルは，設立後30年経って，徐々に規模を広げ，数年前に自動車修理部門を作った。発達しょうがいを持つ人の中に修理や洗車の達人がいて，丁寧に良い仕事をしてくれる。修理を依頼した人からも喜ばれるし，しょうがい者も一定の収入を得て，経済的に自立できる。車部門は今後の成長を見込めると話していた。

　それまでも障害児教育は知っていたが，成人したしょうがい者を自立させる発想は持っていなかった。しかし，シアトルでは，市民のボランティア意識に支えられ，しょうがい者が生き生きと生活している。その姿に深い感銘を覚えた。

## 目標と金額を決めて基金を募る

　シアトルは，長い間ネイティブ・アメリカンの住んでいた土地で，19世紀の半ばに白人が住みはじめ，地域を作った。日本の幕末にあたる時代である。今でもネイティブの地名が残っているが，それぞれに開拓者のルーツに根ざした地域作りが行われた。地域の開発につれて，牧師を呼んで教会を建て，みんなの代表を選んで議会を作り，学校を建てて，家族を呼び寄せる。みんなで地域を作ったから，それぞれができる範囲のことを行って地域を支える。当時の移住者がピューリタンだったことも，奉仕の精神が広まる要因だったのであろうが，決して豊かとはいえない人も，その人なりのボランティア活動をしているのを知って感激した。

　職業は生活の糧を得る手段で，人間としての評価は地域でのボランティア活動で決まるという感じである。日系2世の彼も，ワシントン大学の教授より，グッドウイルの長年の古着回収の担当者として，地域で高い評価を得ている感じだった。

　それから，数十回とアメリカを訪ねることになるが，ハロウィンが終わり，感謝祭が近づく頃から，青少年のボランティア活動が目立つようになる。ある年，11月末に，シアトル郊外のモールに入ると，売り場の隅に，なん枚ものビラが貼られていた。その一枚を読むと，地元の高校生の美術部で，高齢者の施設に電動の車椅子を5年前から毎年送ってきた。今年も1台送りたいので，2,000ドル集めたい。その資金とするのか，希望価格を貼った手製の食器やガラス製品，油絵などが置かれていた。別の場所にはバトントワラー部がラッピング・サービスを行っていた。モールで買った物をラップして，リボンをつける。1件2ドル，合計800ドルが目標で，障害児学級に楽器を送る計画らしい。広場でコンサートを開き，2人の新入生の奨学金を募るグループもあった。駐車場の整理をし，そのチップで保育園に玩具を送る計画も見かけた。

　送り先や贈るもの，希望金額を示し，自分たちが何かの行動をして，

Ⅲ　地域での子どもの暮らし

資金を獲得する。だから，物乞いでなく，自分の力で稼ぐ形のボランティア活動である。その時は，ラッピングが一番人気で，お客が支払う度に拍手と一緒に，獲得金額の貼り直しが行われていた。しかし，残念ながら，美術部は苦戦していた。

**ボランティアは自信を育てる**

アメリカの場合，青少年の間にも，自分で何かをして資金を集める姿勢が定着している。冒頭の日本の赤い羽根の場合も，駅前の掃除をする，楽器演奏をする，似顔絵を描くでもよい。「お願いします」でなく，何かをして，稼ぎ，それを，寄付する形にしてはどうか。

すでにふれたように，日本の子どもの大半はボランティアと無縁の育ちをしている。それでも，「老人ホームを訪問する」や「駅前や公園の掃除をする」などをしている子どももいる。そこで，ボランティア活動をしているのがどういう子なのかを確かめてみた。

表17によれば，ボランティア活動をしている子は，自分を「やる気がある」と思っている割合が高い。もちろん，この結果は，ボランティア活動を通して，やる気が育ったというより，やる気がある子がボランティア活動をしているのかもしれない。しかし，表18に示したように，ボランティア活動をしている子は，「友だちが多い」だけでなく，「行動力がある」，「努力する」タイプで，「将来は明るい」と思っている子でもある。

表17　「やる気がある」（自己評価）×ボランティア体験　　（％）

| 自己評価<br>ボランティア体験 | とても | かなり | 小計 | やや | あまり | 全然 |
|---|---|---|---|---|---|---|
| 体験豊富 | 33.8 | 22.4 | 56.2 | 29.0 | 8.8 | 5.9 |
| 中間 | 20.1 | 21.0 | 41.1 | 38.2 | 16.4 | 4.2 |
| 体験過少 | 12.3 | 16.5 | 28.8 | 37.3 | 21.2 | 12.7 |
| 全体 | 21.2 | 20.1 | 41.3 | 35.8 | 15.9 | 7.0 |

$p < 0.001$

表 18　自己像×ボランティア体験　　　　（%）

| 自己像<br>ボランティア体験 | 健康に恵まれ | スポーツ得意 | やる気がある | 友だちが多い | 努力する方 | 将来明るい | 行動力がある | 先生から信頼 | 8項目の平均 |
|---|---|---|---|---|---|---|---|---|---|
| 体験豊富 | 43.0 | 29.4 | 33.8 | 35.6 | 26.6 | 25.8 | 22.5 | 14.3 | 28.9 |
| 中間 | 33.0 | 20.2 | 20.1 | 20.6 | 16.4 | 20.0 | 14.0 | 5.4 | 18.7 |
| 体験過少 | 27.1 | 15.2 | 12.3 | 14.5 | 11.8 | 12.3 | 8.2 | 4.7 | 13.3 |
| 全体 | 34.2 | 21.0 | 21.2 | 22.5 | 17.5 | 19.2 | 14.5 | 7.3 | 19.7 |

数値は「とても」＋「かなり」の割合。すべての項目。p＜0.001

　ボランティアは，日常とは異なる場で，不慣れな活動をすることを意味する。それだけに，ボランティア活動を通して，身につくものは多い。特に，現在の子どもは学校と家庭という狭い環境の中で暮らしているだけに，ボランティア体験を持つ意味は大きい。土曜などを使って，老人ホームを訪ねる，あるいは，駅前の掃除をする。そうした活動は日常性から脱しているだけに，中高校生にとって，新鮮で貴重な体験になるのではと思う。

### 「自願奉仕社会」韓国の事情

　韓国は何度となく訪ねているので，ボランティア活動が熱心に展開されているのは知っていた。しかし，もう少し正確に状況を調べたいと，2014年にソウルへ飛んだ。
　韓国でのボランティア活動は20年以上の歴史を持つ。1996年に，小学生から大学生まで，「自願奉仕活動」がナショナル・カリキュラムで必修化された。「自願奉仕」については，「強制されない状況下，自分の意志に則り，無報酬で他人や地域社会に寄与する持続的な福祉活動」と定義されていた。奉仕活動を制度化する過程で，「自願奉仕」は自主的な営みだから，必修化を避けようという声もあったと聞く。しかし，

Ⅲ　地域での子どもの暮らし

最低の必修時間の規定があってもよいということで，奉仕活動に，学年による時間数が規定された。具体的には，小学1～3年＝年間5時間，4～6年＝10時間，中学生＝15時間，高校生＝20時間，大学生＝1単位（最低基準，2014年）である。

　その後，2005年に自願奉仕活動基本法が設定され，ボランティア活動の対象が青少年だけでなく，企業などに対象が拡大された。在韓中の新聞にも，大手企業の奉仕活動についてのＰＲ記事が掲載されていた。社員が100ティームを作って，休日に老人ホームを訪問する。社員から募金を集めて，体の不自由な子ども25人をディズニーランドに招待するという航空会社の記事もあった。休暇を使って社員が開発した土地で有機野菜が採れることになったので，児童養護施設に寄付したい。送付を希望する施設は申し込むようにとのページもあった。

### 奉仕活動が入試に役立つ

　企業のボランティア活動の詳細は別の機会にゆずり，ここでは，青少年に話題をしぼろう。青少年がボランティアをする場合，全国に250ヵ所の地域ボランティアセンターと16の青少年振興センターがあって，どこでもボランティアを受け入れてくれる。それとは別に，文部省の主催する「1365」サイトでも，全国規模の活動を検索できるので，自分が参加したい活動領域と地域，自分の自由になる時間帯を打ち込めば，明日からでも活動は可能だ。

　なお，ボランティア活動は，①農業などの「手伝い」，②老人ホームなどへの「慰問」，③交通安全のような「キャンペイン」などの7領域に分かれているので，領域を決めて検索すればよいことになる。そして，各活動にはポイント数が明記されていて，高校や大学への進学にはボランティア活動のポイント数が大きな意味を持つ。

　知人の高校2年の娘はトップランクの高校進学を目指しているが，合格には「自願奉仕活動」60ポイント以上が必要だ。しかし，現在は

127

41 ポイントしかない。そこで，夏休みにアメリカの高校生を2週間世話して，20 ポイントを取得したいという。別の知人の娘は，中学時に社会養護施設で働いて，高校へ進み，高校入学後は，しょうがい者のアメリカ研修のアシスタントで 40 ポイントを集め，名門・梨花大学福祉学部に入学した。現在は，ソウル市内のボランティアセンターへ週2回通い，卒業後は，そのセンターの紹介で，アメリカで福祉の研修予定と聞く。

　今回の取材に協力してくれた韓国の教授はボランティア活動の現状にやや批判的だった。トップランクの高校や大学の入試は学力で差がつきにくいから，ボランティア活動のポイント差がものをいう場合が少なくない。そのため，合格のためのポイント稼ぎが流行っているという。もちろん，ボランティアのキャリアやポイント数は，進学だけでなく，企業への入社にも影響を持つ。そのため，大学生の中には，志望企業に合わせたボランティア活動をしている者が多いという。

　そうした事情を見聞すると，たしかに韓国のボランティア活動に「強いられた」印象を強く受ける。もちろん，ボランティア活動の本質は，40 年前にシアトルで見たような善意の発露であってほしいと思う。それでも，ボランティア不在の日本の社会よりは，若者がボランティア活動に参加している韓国の状況の方が良いように思った。

　筆者の関連している教育支援人材認証協会では，平成 26 年度から，文科省の支援を得て，高校生や大学生を対象とした体験奨励制度を開始し，平成 28 年度から，小中学生にも対象を拡大した。アドバイザーの助言を受けながら，小中学生にボランティア体験や自然体験を積ませる。そして，一定の条件を充たせば，文科省から銅・銀・金の表彰状をもらえる仕組みである。そうした体験を通して，子どもを活性化したいと考えている。韓国のように強制された感じでなく，青少年が自主的にボランティア活動に参加して欲しいと願っているが，活動は緒についたばかりで，活動の範囲を広げるのに苦労している。

### Ⅲ　地域での子どもの暮らし

　現在の子どもは生まれてからずっと人に保護される環境の中で育ってきた。それだけに，一定の年齢に達したら，その子なりにできることをして，社会に貢献してはどうだろうか。すでにふれたように，ボランティア活動を通して子どもは大きく成長する。しかも，ちょっとした仕掛けを作れば，子どもはボランティア活動に参加できる。それぞれの地域で，PTA などが中心になって，子どものボランティア活動を展開して欲しいと思う。

# 13　スマホ（スマートフォン）

## ケータイがあるのが当たり前の成長

　何時の頃からか，ガラケーという言葉が広まり，電車内で，ガラケーを出すのに気恥ずかしさを覚えるようになった。といっても，考えてみれば，大人の間にケータイが普及したのはそれほど昔ではない。総務省の資料によれば，平成 5 年のケータイ普及率は 1.7％，平成 7 年は 9.6％である。携帯電話が一部の新しもの好きの所有物だった時代である。平成の始め頃，新幹線のグリーン車などで，お弁当型の携帯電話を片手に，自慢げに大声で通話している人を見かけた記憶がある。その後，平成 9 年が 29.3％，11 年の 47.5％，13 年 60.9％と，数年間にケータイは飛躍的に普及する。したがって，われわれ大人がケータイを手にするようになったのは平成 12 年前後だから，10 数年前のできごとになる。

　大人には，10 数年前の出来事だが，12 歳の小学 6 年生は，ケータイのある環境の中で生まれ育ってきた。われわれ大人にしても，電気や水道のない時代と比べ，現在がいかに快適かといわれても当惑する。昔の不自由さを想像はできるが，実感を抱きにくいからだ。それと同じように，子どもがケータイやスマホのない暮らしを想像できなくても当然であろう。

　そうなると，便利で楽しいスマホに無警戒のままに溺れる可能性が高まる。それだけに，子どものケータイやスマホとのふれあいに危機感を抱く論調に共感を覚える。しかし，そうした論議を展開する前に，子どもとスマホとの関係がどうなっているのか，現状を正確にとらえる必要があろう。

### スマホと距離を置く子どもたち

　ケータイをめぐる状況は，月単位で変化していく。この原稿は平成28年5月に執筆しているが，これが，2年前なら，「スマホは若者などの大人の問題で，子どもとの関係は薄い」で対応できた。しかし，今年は，スマホの足音が子どもに迫ってきた感じがする。

　そこで，平成28年の1月，都下のS区の3校の小学校に依頼して，4年生以上の640人を対象として，スマホ調査を実施することにした。調査に協力してくれた学校は，いずれも，高学歴の保護者が多い山手の地域にある。まず，子どもたちはスマホを持っているのか。基礎的な数値を表19に示した。スマホもケータイも持っていない子が6割で，「両方ともある」の4.7％を含めて，スマホ所持者は2割，ケータイが2割という全体構成である。

表19　スマホやケータイの所持率　　　　　　　（％）

| | 全体 | 性別 | | 学年 | | |
|---|---|---|---|---|---|---|
| | | 男子 | 女子 | 4年 | 5年 | 6年 |
| どれも持っていない | 61.5 | 59.4 | 64.5 | 69.5 | 56.6 | 55.8 |
| ケータイだけある | 18.7 | 20.5 | 16.8 | 19.2 | 22.4 | 13.3 |
| スマホだけある | 15.1 | 16.1 | 13.6 | 7.3 | 15.8 | 25.8 |
| 両方ともある | 4.7 | 4.0 | 5.0 | 4.0 | 5.3 | 5.0 |

　スマホのように，状況が流動的な場合は，考察を加えるにあたり，データをきちんとふまえることが大事になる。それでは，スマホを持つ2割の子は，スマホとどうつきあっているのか。主な結果を箇条書きの形で紹介してみよう。

　1）購入のプロセス＝①「親が持つようにすすめた」34.6％，②「頼んだら，すぐに買ってくれた」33.3％，③「親は反対だったが，頼んで買ってもらった」32.1％である。調査を実施する前，多くの親が子どもの

スマホに反対するものと思っていた。しかし、「塾や稽古ごとに行く時に、持たせると安心」、「仕事の帰りが遅くなる時に連絡できる」など、親の方から連絡用として、子どもにスマホを持たせる必要が生じている。それだけに、親がスマホを持たせる事例が7割に迫る。

　２）スマホを使う時間＝①「1時間以内」51.1％、②「2時間」21.6％、③「3〜4時間」14.8％、④「5時間以上」12.5％である。高校生の場合、1日5時間以上、スマホを手にしているなどの数値が見られる。しかし、小学生の場合は、スマホと接するのが「1時間以内」が過半数を超える。少なくとも、子どもはスマホ中毒になっていない印象を受ける。

　３）スマホへの接し方＝①「食事の時に使わない」82.0％、「勉強の時に使わない」81.8％、③「夜遅くは使わない」56.7％など、子どもたちは、食事の時にスマホを見ないし、勉強の時も近くにスマホを置かないと答えている。「本当かな」と疑念も横切る。しかし、これまでの子ども調査の経験を通して、子どもは正直に気持ちを書くという感じを抱いている。したがって、この結果から、少なくとも、この調査に協力してくれた子どもはスマホと節度のある接し方をしているのを感じる。

　４）スマホの利用＝①友だちとの電話やメール78.0％、②ゲーム60.0％、③音楽65.5％、④調べもの69.4％、⑤家の人との連絡71.7％である。なお、ラインを「ほとんどしていない」が52.0％と半数を超える。スマホを持つ子が少ないからか、子どもの世界にラインがまだ広まっていないのであろうか。

　５）親の関与＝スマホの使い方に親が、①「とてもうるさい」13.1％、②「かなりうるさい」16.7％、③「あまりうるさくない」42.9％、④「ぜんぜんうるさくない」27.4％の通りで、「うるさくない」が70.3％に達する。

　スマホの利用を巡り、一方に、スマホ大好きな子がいて、他方に、節度のある利用を求める親がいる。そうした家庭内のスマホ戦争を想像し

ていた。しかし，今回の調査では，子どもは節度のある利用をしており，親も安心して，子どもを見守っている印象を受ける。

## スマホを手にする子は増える

　ここまで，子どものスマホ利用にブレーキが効いており，過度の利用の心配はいらないと述べてきた。しかし，それは，現在の姿であって，明日も安心というわけではない。もう一度，表19の学年ごとのスマホ・ケータイの所持率の欄に目を通して欲しい。4年生が11.3％，5年生21.1％，6年生30.8％と，学年を追って，所持率が上がり，6年生の3割がスマホ・ケータイを手にしている。したがって，6年生に限定すれば，スマホを持つ子が半数を超える日も近い。そこで，もう少し，スマホについての子どもの気持ちに接近してみよう。

　1）スマホを欲しいか＝スマホを持っていない子に，「スマホを欲しいか」と尋ねてみた。①「とても欲しい」38.2％，②「できたら欲しい」32.4％で，スマホを持ちたい子は70.6％となる。そして，③「あまり欲しくない」4.2％，④「今は，欲しくない」7.6％，⑤「大人になってから欲しい」17.6％である。なお，「スマホを欲しい」の70.6％は，（スマホを未所持が80.2％），全体の中で57％となる。したがって，これに「すでに持っている」の2割を加えると，スマホ所持率はきわめて近い将来8割程度となる感じがする。

　2）スマホとケータイとの違い＝念のため，ケータイが欲しいかも尋ねてみた。「とても」10.7％，「できたら」30.9％で，「欲しい」は41.6％にとどまる。したがって，子どものＳＮＳ（ソーシャル・ネットワーク・サービス）は，ケータイの時期を飛び越えて，一気にスマホ時代へ突入すると考えられる。

　3）スマホの学校差＝6年生のスマホ・ケータイの所持率は3割だが，所持率に学校差が見られる。調査対象の3校は車で15分程度の隣接した地域にあるが，住宅地にあるＡ校の所持率が13.6％，団地の多いＢ

校が29.9％にとどまる。しかし，商店街を抱えるC校は45.2％である。このように学校差が大きいので，それぞれの地域差や学校差に応じた対応が必要となろう。

　4）スマホの家庭環境＝子どもによれば，父親のスマホの所持は90.6％，母親は92.2％である。そして，父親の69.6％，母親の77.5％が「スマホをよく使っている」という。

　子どもの親はスマホ族世代であるから，スマホの特性を正確に理解している。それだけに，子どものスマホ使用についても，危険視するのでなく，それなりの信頼感を持って，子どものスマホ利用を見守っている感じもする。

　なお，スマホについての子どもたちの評価を示すと，表20の通りとなる。子どもは，スマホを持ったら，「毎日が楽しくなり」，「多少，物知りになる」かもしれないが，「勉強の成績は変わらない」と感じている。勉強の成績がよくならないということをつきつめていえば，「スマホは楽しいが，スマホに溺れると，勉強ができなくなる」ことにもなる。子どもなりにスマホの特性を正確に摑み，それなりに節度のとれた接し方をしようとしている。そうだとしたら，子どもを信頼し，スマホの接し方を見守ってはどうか。楽観論かもしれないが，子どものデータを見て，そんな感想を抱いた。

表20　スマホを持ったら，毎日がどう変わるか　　　　（％）

| | とても<br>なる | かなり<br>なる | なる<br>小計 | 変わら<br>ない | あまり変<br>わらず | 全然変<br>わらず |
|---|---|---|---|---|---|---|
| ①毎日が楽しくなる | 30.7 | 27.5 | 58.2 | 26.4 | 11.7 | 3.6 |
| ②友だちと仲良くなる | 22.7 | 19.6 | 42.3 | 39.1 | 14.4 | 4.2 |
| ③物知りになる | 16.5 | 38.5 | 55.0 | 24.3 | 13.8 | 6.9 |
| ④勉強の成績がよくなる | 7.4 | 11.9 | 19.3 | 33.6 | 33.1 | 14.0 |

Ⅲ　地域での子どもの暮らし

### 中学生の8割がSNSを利用

　これまでふれてきた調査の1年半前の平成26年9月に，東京や地方都市で，1400人の中学生を対象とした意識調査を実施し，その中で，スマホの問題も尋ねてみた。中学生のスマホやケータイの所持率は，表20の通りで，この時点で，ＳＮＳ利用者が8割に達し，中3になると，スマホの52.9％を含めて，利用率が9割を超える。

表21　スマホやケータイの所持率　　　　　　　（％）

|  | スマホ所持 | ケータイ所持 | 所持<br>小計 | 所持せず，<br>欲しい | 所持せず，<br>欲しくない |
|---|---|---|---|---|---|
| 中1 | 43.5 | 36.3 | 79.8 | 5.3 | 14.9 |
| 中2 | 46.4 | 32.0 | 78.4 | 7.9 | 13.7 |
| 中3 | 52.9 | 38.4 | 91.3 | 0.5 | 8.2 |

　なお，スマホ所持者のスマホの使用時間は表22の通りで，中学生になると，5時間以上，スマホを見ている者が4分の1に達する。中学生の多くは，夕方まで部活をしているから，5時間といえば，帰宅後の大半の時間をスマホに費やしている計算になる。

表22　スマホをしている時間　　　　　　　　　（％）

|  | 1時間以内 | 2時間 | 3，4時間 | 5，6時間 | 7時間以上 | 5時間以上<br>小計 |
|---|---|---|---|---|---|---|
| 中1 | 18.4 | 23.4 | 32.9 | 9.5 | 15.8 | 25.3 |
| 中2 | 21.8 | 26.3 | 28.8 | 9.4 | 13.7 | 23.1 |
| 中2 | 19.3 | 22.3 | 33.7 | 11.4 | 13.3 | 24.7 |

スマホ所持者の回答。

　この原稿を書いている時に，小学生対象のスマホ調査と同時期に実施

した高専生徒のスマホ調査の結果が戻ってきた。結果を見て驚いた。高専なので，15歳から19歳の若者がサンプルだが，208人の内，1人を除く207人，つまり，ほぼ全員がスマホを所持していた。そして，ライン，グーグルなどの検索，ゲームなど，多様な使い方をして，使用料は平均7500円だった。スマホが完全に本人の一部になっている感じだ。とすると，現状の小学生はスマホ以前の状態だが，その小学生も，3，4年後には，全員が，スマホと付き合うようになる。それだけに，小学生の内から，スマホへの接し方を身につけさせることが大事だと考えた。

## スマホ社会のもたらす光と影

スマホの浸透は社会構造を大きく変えた。町中の餃子屋に入った感想をグルナビで発信し，「いいね」が多かったりすると，町のグルメ評論家として社会的に認められたように思えるし，自作のマンガをサイトに載せ，それなりの反響もあると，マンガ家への道を歩んでいる感じを持てる。これまでの社会では，情報の発信者はマスメディア・サイドに限られ，庶民は声なき民として情報を受容するだけの存在だった。しかし，現在では，誰でも情報の発信者になれ，草の根がものをいえる社会を迎えている。情報化社会の到来は，発信者と受容者という上下に2元化された社会から構成員全員が対等というフラットな社会への転換を可能にした。実際に多くの社会で，ネットが媒介して，独裁政権を倒し，社会の民主化が実現している。これはネットがもたらした大きな効用であろう。

そうした動きをスマホ社会の光の部分とするなら，スキャンダラスな情報にサイトが瞬間的に炎上するなど，些末な，時には偽りの情報に過剰な反応をするのがスマホ社会の影の側面であろう。その結果，ものごとを考えようとしない付和雷同型の社会状況が生まれる。そして，皮相な問題に反応することに満足し，ものの本質を見落としがちになる。その延長線上に，大衆が権力者に踊らされるの衆愚社会の到来を予感する。

Ⅲ　地域での子どもの暮らし

たしかに，身近な学生たちを見ていても，ちょっとした発信に満足し，きちんと自分の考えをまとめようとする姿勢に欠ける印象を受ける。

このように考えると，スマホの浸透が，すべての人が平等の理想的な市民社会の到来をもたらすかどうかは，スマホへの接し方による気がしてくる。賢明なユーザーが多数を占めれば，その社会の未来は明るいが，ゲームやチャットに興じるだけのユーザーの多い社会の未来は暗い。

そうしたスマホの利用態度については，テレビ視聴に通じるものを感じる。テレビはリモンコンを押せば，画面が写る。飽きたら，別のチャンネルへ移ればよいので，気がつくと，２時間以上も画面を見つめることになる，少なくとも，自分からオフにしないと，テレビはエンドレスに映る。そうしたテレビに溺れる子の姿もある反面，視聴態度のできた子は，見たいテレビを見終わると，すぐに次の行動に移る。そして，スマホはテレビ以上に，本人の取捨選択が大きな重みを持つメディアであろう。特に，テレビの情報はマス的だが，スマホはパーソナルな情報交換に役立つだけでなく，ゲームやマンガ，音楽などで自分だけの世界に身を置くこともできる。そうなると，自己規制力が乏しい子はスマホを握り続ける状況になりやすい。

### メディアを制御できる子とメディアに溺れる子

テレビとスマホはともに自己規制を必要とするメディアなので，利用状況に共通性が見られるのではないか。つまり，テレビを自己規制できる子はスマホも自己管理できるが，テレビを見続けるような子はスマホをさわり続ける印象をうける。そこで，表21の調査と同じ時期に，小6に実施したデータを使って，スマホの利用とテレビ視聴との関連をたしかめてみた。結果は表23に掲げた通りで，テレビの視聴が1時間以内の子の55.9％は，スマホに1時間程度しか接していない。しかし，テレビを3時間以上見ている子は，7時間以上の19.7％を含めて，36.2％が5時間以上スマホを手にしている。そうなると，テレビの長

137

時間視聴児は，テレビの３時間に，スマホ５時間以上が加わり，夜遅くまで，メディアとの接触に時間を費やしている計算になる。

表23　スマホをしている時間×テレビの視聴時間　　　　　（％）

| テレビの視聴時間 ＼ スマホをしている時間 | 1時間以内 | 2時間 | 2時間以内小計 | 3, 4時間 | 5, 6時間 | 7時間以上 | 5時間以上小計 |
|---|---|---|---|---|---|---|---|
| 1時間以内（32.7％） | 55.9 | 17.6 | 73.5 | 13.7 | 3.9 | 8.9 | 12.8 |
| 1.5〜2.5時間（41.9％） | 35.7 | 26.6 | 62.3 | 23.8 | 10.5 | 3.4 | 13.9 |
| 3時間以上（25.4％） | 15.4 | 23.1 | 38.5 | 25.3 | 16.5 | 19.7 | 36.2 |
| 全体 | 38.1 | 22.8 | 609 | 21.4 | 10.1 | 9.6 | 19.7 |

スマホ所持者の回答　調査対象は小6。p＜0.01

　このように小学6年生の段階で，「メディアを制御できる子」と「メディアに溺れる子」との両極化が見られる。特に，メディアに溺れる子は，テレビはオフにすることなく，番組を楽しみつつ，それと並行して，スマホのゲームに興じる。自分からオフにしなければ，いつまでも，メディアの世界に身を置くことができる。そして，気がつくと，夜が更ける。睡眠不足のために，翌日の学校で，ぼんやりと授業時間を過ごす。そうした形で，生活のリズムが崩れるから，メディアに溺れる子の自己像は暗さを増すようになる。

　実際に表24によれば，スマホの時間が短い「メディアを制御できる子」は，友だちが多く，勉強も得意で，頑張るタイプという自己像を持つと同時に，望みの高校へ進学できそうと明るい未来像を抱いている。それとは逆に，ずっとスマホをしている「メディアに溺れる子」は，友だちが少なく，勉強も苦手で，現在の自分を幸せとは思えないでいる。実生活の中で充足感を持てない。そうした鬱積した気持ちが，スマホへの依存をさらに強める結果をもたらすことになる。

III　地域での子どもの暮らし

### 表24　子どもの意識×スマホの利用時間　　　　　（％）

| 子どもの意識／スマホの利用時間 | 項目／条件 | 友だちが多い／とても多い | 勉強が得意／とても・かなり | 頑張るタイプ／とても・かなり | しあわせか／とても | 望みの高校／きっと・たぶん |
|---|---|---|---|---|---|---|
| 1時間以内（36.2％） | | 41.0 | 24.6 | 47.5 | 30.2 | 32.5 |
| 2～4時間（44.2％） | | 31.3 | 22.4 | 45.2 | 22.8 | 31.0 |
| 5時間以上（19.6％） | | 25.8 | 9.3 | 31.8 | 24.2 | 21.6 |
| 全体 | | 28.1 | 24.0 | 45.2 | 27.8 | 27.3 |
| 検定値 | | $p < 0.001$ | $p < 0.001$ | $p < 0.05$ | $p < 0.05$ | $p < 0.01$ |

　メディアというと，ネガティブな面のみを評価しがちだが，見方によれば，メディアは年齢に関連なく，すべての人に平等に開かれている。したがって，小学高学年生でも，大人と同じアイテムを検索し，情報を収集できるし，英語ができれば，年齢の枠を超えて，国際的な交流も可能だ。そう考えると，メディアは，子どもの大きな成長を可能とする媒体でもある。その反面，放課後の大半をスマホのゲームに費やすことも可能だ。このように，スマホは，子どもの視野を広げる働きをすると同時に，埋没の危険性も持つ両刃の剣的な性格を持つ。

　困ったことに，スマホを厳しく制限したところで，親の目の届かない所で，隠れてスマホに接することは可能だ。それだけに，外からの規制でなく，子ども自身がスマホに接する態度を形成する必要があろう。テレビが普及する時期に「テレビのしつけ」の必要性が説かれた。ファミコンの時期にも，ファミコンに接するが溺れない態度の形成が提唱された。スマホの時代を迎え，生活態度を自己規制できることの大事さがますます強まっている。見方によれば，子どものスマホへの対応を身につけさせることは，現在の家庭が当面するもっとも困難な，そして，重要な課題のように思われてならない。

# Ⅳ　学校文化の中の子ども

# 14　いじめ

## 「いじめ」がなくならない

　平成 27（2015）年の 2 月，川崎市で中 1 男子生徒の殺害事件が起きた。主犯格の 18 歳の少年を含めて，加害者が高校生年齢なので，地域の不良グループによる逸脱行為が加速し，悲惨な最期を迎えた事例のように思われる。

　川崎の事例は加害方法の陰惨さで注目を集めたが，これまでの学校（または学級）を単位とした同年齢の子による加害行為と性質を異にしている。そして，いじめというと，昭和 61（1986）年に起きた鹿川裕史君の「葬式ごっこ」を連想する。中 2 になってから，主犯格の 2 人の同級生に，隣のクラスの子も加わったいじめが始まり，その後，パシリから暴力的な加害，そして，11 月の葬式ごっこ，さらに，辱めを目的とした連日の陰惨な迫害へと，いじめがエスカレートし，翌年の 2 月に，耐え切れなくなった裕史君は，父親の実家のある盛岡の駅ビルで死を選ぶことになる。

　鹿川事件は 30 年前の出来事だが，時間を経たので，裁判記録なども入手でき，その当時，伏されていたいじめの経過をたどることができるようになった。加害者の子たちのふざけの感情に歯止めが効かなくなり，イジメる行為そのもに快感を持ち，新鮮な刺激を求めて，加害の度合いを強めていく。その結果，悲惨な結果を招いた事例である。

　こうした経過は，平成 6（1994）年 11 月に，遺書を残して亡くなった中学 2 年生の大河内清輝君の事例と，おどろく程一致している。さらに，平成 23（2011）年 10 月に，自宅マンションから飛び降りた「大津市立中 2 いじめ事件」についても，同じ印象を受ける。

## いじめの３段階

　川崎の事例は地域での非行と考えて除外すると，残りの３事例の被害者はいずれも中学２年のまじめだがひ弱な感じのする男子である。そして，中学２年の１学期前後に始まったいじめが，徐々に強まって，２学期以降に死に追い込まれている。なお，加害者と被害者は同じ学級の遊び仲間で，その後，隣の学級の子も加わって数人の加害者が被害者一人を迫害する形をとる。３人の事例とも，最初はどこにでもありそうなふざけ的ないじめから始まり，時間が経つにつれて，イジメの程度がひどくなり，犯罪的な性格を帯びる。それと同時に，３事例とも，イジメの存在を級友たちは無論，担任も気づいている。しかし，適切な対応策をとらずに，傍観している態度が悲劇をもたらした状況は３事例に共通している。

　いじめというと，死を連想する。しかし，死を伴ういじめは氷山の一角で，その何十倍の子どもが厳しいいじめに耐えているのであろう。文科省の資料（平成26年度）によると，認知されたいじめの件数は小学校で11万9千件，中学校で5万5千件だという。それでも，この数値がいじめの全体像を示していないのは周知の通りで，いじめに苦しむ子は統計の数値をはるかに上回り，平常に見える学級にもいじめ的な行為が存在するのではないか。

　「いじめ」という言葉は多様な行為を内包している。「友だちにニックネームをつける」や「不器用なことをした子をひやかす」などは，子どもの日常生活の中で見られる「ふざけ」であろう。こうした「ふざけ」に神経質になり，いじめの第１段階として厳しく目を光らせすぎると，子どもは委縮し，子どもらしさを失くしてしまう感じもする。それだけに子どもにありがちなノーマルな「軽いからかい」とみなすのが妥当な対応といえるかもしれない。そうした反面，ふざけはニックネームをつけた子の言い分で，つけられた子はいじめと感じる可能性が強い。冷やかす子にとっては遊びでも，加害者や周囲の子が思っている以上に，被

害者の自我が傷つき，ダメージを受ける場合が見られる。このように加害者と被害者との感覚のずれが存在するのが，いじめ問題の本質である。となると，ニックネームについても，ふざけだと，放置できない気がしてくる。いずれにせよ，いじめ理解の第一歩は，まず，いじめられる側の心情に身を置くことであろう。

　このように見てくると，いじめには3つ位の段階があるように考えられる。まず，誰かが誰かをニックネームで呼ぶ。その限りではふざけに近い行為であろう。しかし，単純なニックネームごっこも，本人が嫌がっているのに，みんなで長期間はやすようになると，表25に示す第1段階の「ふざけ」から第2段階の「いじめ」の状況になる。学級の場合なら，担任が間に入り，被害者と加害者を含めて，学級でよく話し合い，問題を整理し，全員が納得して，いじめをやめさせることが重要になる。

　しかし，その後も，嫌がっているニックネームをみんなの前で，本人に大声でいわせる。あるいは，Tシャツにニックネームを書いて着させる。ニックネームを入れた替え歌を作るなどが加わる状況になると，第3段階の「いじめ非行」状態になる。この段階に入ったら，いじめ的な行為を即座にやめさせ，いじめる子たちが反発したら，加害児と被害児双方の親を別々に呼び，学校全体で対応を考えていくことが重要になる。中学などの場合，時には警察の介入を要請する必要があろう。考えてみれば，いじめがさらにエスカレートし，死を招くような状態となり，警察沙汰になれば，いじめる子たちも暗い人生を送ることになる。それだけに，いじめを第2段階に止め，いじめ非行の段階に進めさせないことは，被害者だけでなく，いじめ加害者の人生を救うことにもなる。

　このように，「イジメ」は「ノーマルと思えるふざけ」から「グレー・ゾーンのいじめ」，そして「逸脱性の強いいじめ非行」へと進行していく。もちろん，「ふざけ」から「いじめ非行」への道をたどる事例は少数であろうが，それでも，「ふざけ」が「いじめ非行」の萌芽となる可能性を秘めている視点を忘れてはならない。

IV　学校文化の中の子ども

**表 25　いじめの３段階**

| 段　　階 | 第１段階 | 第２段階 | 第３段階 |
|---|---|---|---|
| 現　　象 | ふざけ | いじめ | いじめ非行 |
| 状　　況 | ノーマル | グレー・ゾーン | 逸脱 |
| 対　　応 | 大目に見る | 納得させやめさせる | 即座にやめさせる |
| 対応の主体 | 学級担任 | 学年中心に学校全体 | 学校＋地域や警察 |

### いじめの量的な把握

　鹿川君の葬式ごっこ，大河内君の遺書事件，そして，大津市立中事件のようないじめ事件が発生すると対策委員会ができて，生徒向けのアンケートを配り，その結果をふまえて，いじめ防止の答申が出るのが通例である。そして，隣接する自治体も同様の答申を作るから，いじめ防止体制が確立されたように見える。

　多くのいじめは，学級内の特定の集団内で起きる。森田洋司は「いじめの４層構造」を提唱している。学級内のいじめの場合，学級内での立ち位置により，①いじめの「被害者」とその周辺にいる子と②いじめの「加害者」と追従する子の他に，③いじめを興味深く，あるいは，ぼんやりと見ている「観衆」もいるし，④いじめに関わりがなく「傍観者」の立場にいる子の４類型が見られる。しかし，時間の経緯とともに，いじめの構造も変容していく。まず，②のいじめの追従者が積極的に加害するようになると，①の被害者と距離の近い子も，身の安全を図って，被害者から距離を置き，時には加害者となる。それと同時に，③の観衆も，いじめに加わるようになる。そうなると，④の傍観者も，加害状態を黙認するかいじめに参加するかの形をとる。その結果，被害者は一人で，残りの子は，濃淡はあるものの，全員が加害者となる。こうなると，被害者を除く，全員が口合わせをするから，いじめは密室状態のできごととなり，外部からの発見が困難になる。（森田洋司『いじめとは何か，

145

教室の問題，社会の問題』中公新書，2010 年）

　このように，いじめは集団内での変容を伴う生きた過程なので，いじめが露見した時，多くの教育委員会で実施している子どもを対象としたアンケート調査は適切を欠く方法のように思われる。考えてみれば，学年が違えばもちろんだが，学級が違えば，うわさ程度に知っていても，該当するいじめの実態を知らない場合が多いのではないか。それだけに，子どもを対象としたアンケートを実施し，その結果をもとに，外見上もっともに見える対策を立てても，実態は解明されず，処方箋も一般論に終始しがちになる。いじめは特定の人間関係の中で進展する。それだけに，専門家を招聘して，加害者と被害者双方を中心に，周囲の子も含めて，時間の経過につれての状況の変容をきちんと聞き取り，問題点を洗い出す。そうした綿密な聞き取り調査を基にした具体的な提案を求めたいと思う。

　しかし，いじめが深刻化した時は適切な対応を怠った証で，それだけに，先にふれた第 2 段階の「いじめ」のレベルでブレーキをかけることが必要となる。その際，いじめを客観的にとらえる指数があれば，初期対応が容易になろう。

　いじめにはいくつかの変数が関わってくるが，大きくつかむと，①加害者の悪意の程度と②いじめに係わる人数，③いじめが始まってからの時間の経過，④被害者の感受性などにより，様相が異なってくる。各項目を 5 段階で評価し，各項目を掛け合わせると，いじめ度の低い事例は $1 \times 1 \times 1 \times 1 = 1$ だが，いじめが深刻化し，$5 \times 5 \times 5 \times 5$ だと，いじめは 625 レベルとなる。いじめのダメージは等比級数的に高まるから，鹿川君や大河内君の事例などは，いずれも，625 レベルのいじめで，それだけに傍観していた者の罪の重さを感じる。

---

　いじめの量的な把握＝①悪意の程度×②係わる人数×③時間の経過×④被害者の感受性。（各項目を 5 段階でとらえると，$1 \times 1 \times 1$

IV　学校文化の中の子ども

$\times 1 = 1$ から $5 \times 5 \times 5 \times 5 = 625$ まで分布）

　この中で，オール2の$2 \times 2 \times 2 \times 2$の16レベルまでを第1段階の「ふざけ」的な範囲，オール3の$3 \times 3 \times 3 \times 3$の81を第2段階の「いじめ」の限界値ととらえてみよう。

　先ほどの「ニックネーム」に例をとると，「悪意の程度」が1レベル（5段階尺度で）で，短期間（1レベル）であっても，多くの子（仮に3レベル）がはやし，本人が傷つきやすいタイプ（5レベル）だと，15レベルで，「ふざけ」の限界に近づく。この場合でも，はやしが長期（4レベル）になると，60レベルに達し，完全ないじめになる。さらに，悪意の程度（4レベルとして）が増すと，240レベルで，第3段階の「逸脱行為」に近づく。このように，本人たちが思っている以上に，短時間に様相が激変するのがいじめの怖さである。


## どの子も友だちづきあいの若葉マーク

　何人かの人が群れを作れば，群れの中のどの人の心の中にも多少の葛藤があって当然であろう。それが感情の行き違いが重なったり，偶発的な要因が加わったりすると，時として，いじめに発展する。報じられている通り，いじめは子どもだけの問題でなく，大人の職場はむろん，公園デビューの母親の間でもいじめが発生する。その際，個々が心の葛藤を中和するすべを知っていると同時に，群れの中に緊張を解く役割の人でもいれば，葛藤はいじめに発展しないですむ。

　本来，子どもは成長を通して，友だちとのつき合い方を学んでいく存在である。まず，ままごと遊び，そして，かくれんぼや鬼ごっこなどを通して，自分を主張しながら，友だちと折り合いのつけ方を身につけていく。特に遊びの場の周りに大人はいないから，自分たちの力で，けんかの仕方や止め方を学んでいく。やがて，草野球や縄跳びなどと行動半径が広がり，友だちの数も増える。しかし，一人ひとりが友だちづき合

147

いの基礎的な力を身につけているので，かつての子どもの世界では，トラブルが深刻ないじめに発展することは少なかった。前の「遊び（Ⅲ－10）」の項でふれたように，「弱い者いじめをするのは弱い奴」，「喧嘩に飛び道具は卑怯」，「じゃんけんの結果は神聖」，「ごめんといったら，許す」，「インチキは身の破滅」などのルールを子どもたちは共有していた。

　しかし，現在の子どもは，ままごと遊びもかくれんぼもしない育ちをしている。そうなると，どの子も友だちづき合いのノウハウを持っていないので，友同士の葛藤に歯止めが効かずに，ちょっとした行き違いが大きなトラブルに連なりやすい。特に，スマホ時代を迎えて，生身の友とのふれあいが減り，どの子も友だちづき合いの若葉マークの状態にある。そうなると，単純なふざけがブレーキが効かないままに，一気に，カタストロフィ（破局）へと進む危険性をはらんでいる。


### イジメ・ポストの設置を

　このように，どこでも，いつでも，深刻ないじめの起きる可能性を宿しているのが現在の子ども事情である。そうだとすると，どんなに克明ないじめ防止の対策を立てても，有効性を期待できない。

　これまで。行政主催のいじめ対策大会などに顔を出すと，「いじめの撲滅」や「いじめをなくそう」などのスローガンが声高に叫ばれて閉幕するのを見聞する。しかし，程度はともあれ，いじめがなくなることなどはないと考えるべきであろう。そして，いじめ的な行為が発生した時，①いじめる側の子がいじめの節度を感じて，抑制的な態度をとる。それと同時に，②いじめられる子も，自分のことなのだから，泣き寝入りしないで，ささやかでよいから，抵抗し，きちんと自分を主張する。さらに，③周りの子も，いじめを止めるすべを身につけることが大事になる。そのためには，子どもたちの友だちづきあいの機会をふやし，友だちとつき合う力を育てることが回り道に思えても，最短の解決策のよう

IV　学校文化の中の子ども

に思われる。

　もう少し踏み込んで，いじめに対する具体的な対策を考えるなら，学校内のトイレなどに，「いじめポスト」を設置し，いじめられている本人でも，いじめに気づいた人でも，メモをポストに入れる制度を作ってはどうか。そして，ポストはスクールカウンセラーが開けることを明記し，カウンセラーが内容を読んで対応を考え，個別の面接で問題が解決すればよいが，深刻な場合やみんなで考えた方がよい事例については，「いじめ会議」の開催を提案する。いじめの問題を一番知っているのは子どもなのであるから，子どもの声を聞くと同時に，子どもの力を活用してはどうか。そのためには，各クラスで，学年初めにいじめ委員を選出しておく。そして，問題が発生したら，関係する学級の委員を中心に，カウンセラーやソーシャルワーカーも出席して，当事者から話を聞き，その後，話し合いを重ねて，結論を出す。なお，会議は，学校とは距離を置き，結論が出た時に，校長に報告する形にしてはどうか。いずれにせよ，どの学校も，いずれいじめ問題が生じるという認識に立って，いじめに対応する仕組みを常設してはどうかと思う。

149

# 15　　学校選択制度

## 教育規制緩和のシンボルとして

　平成 12 年の春，品川区は教育改革の旗頭として，マスコミの注目を集めていた。保護者が就学先を選択できる「学校選択制度」の導入元年である。具体的には，区内を 4 ブロックに分け，ブロック内の学校ならどこにも入学できる仕組みである。たしかに，品川区は JR の品川駅近辺から，埋立て地の工業地帯，私鉄沿線の高台地など，条件を異にする地域から構成されている。それだけに，ブロック制の導入は妥当な処置で，保護者は通いたい学校を選択できるし，学校も保護者の選択を意識するから，ぬるま湯的体質を脱し活性化する。

　それまでは，教育委員会が指定した学校へ就学する規定（学校教育法施行令第 5 条）なので，私立学校へ進む以外は，保護者は通学先を選択できなかった。そうした状況なので，選択制の導入は，子どもも，保護者も学校も，3 者がウイン・ウインの関係を築ける制度として，社会的な反響もよく，多くの市町村で，学校選択制度導入のための検討を始めた。

　それから 10 数年を経た状況を文科省の資料から確認してみよう。表26 に平成 16 年以降の選択制利用者の割合を示したが，小学生の 1 割，中学生の 2 割弱が制度を利用している。利用者が少ない気もするし，中学生の 2 割はかなり多いようにも思える。しかし，増加したのは平成 10 年代で，平成 22 年以降の利用者がほとんど増加していないのが気になる。

　なお，同調査は保護者を対象としたアンケートも実施しているが，その結果によると，小学生の保護者が選択制を利用した理由（複数回答）の第 1 位は「通学の距離，安全」の 22.1 ％（平成 26 年度）で，2 位以

150

IV　学校文化の中の子ども

下に「子どもの友人関係」（17.2%），「きょうだいが通っている（いた）」（16.2%）が続き，「特色ある教育活動」は5.7%にとどまる。また，中学生の保護者も，「子どもの友人関係」（17.2%）が1位で，「特色ある教育活動」は4.7%にすぎない。したがって，学校選択は学校の「教育方針の良し悪し」的な観点でなく，「通学しやすさ」や「友だちがいる」などの実利的な理由で利用された印象を受ける。

**表26　学校選択制を利用した児童・生徒の割合**（文科省調査）（%）

|  | 平成16 | 平成18 | 平成20 | 平成22 | 平成24 | 平成26 |
|---|---|---|---|---|---|---|
| 小学校 | 6.5 | 8.8 | 10.9 | 12.1 | 11.7 | 12.3 |
| 中学校 | 11.8 | 15.1 | 17.3 | 18.3 | 18.9 | 18.6 |

**学校選択制から「特認校」への転換**

なお，文科省が，学校群制度に対する教育委員会の取り組みについて，平成18年度に続いて，平成24年度に調査を行っている。その結果によると，平成18年度には，3割の教育委員会が学校選択制の導入を検討していた。しかし，平成24年度，検討中は1.7%に減少し，8割の教育委員会が「実施しない」と決定をしている（表27）。

**表27　学校選択制の検討**（文科省の教育委員会調査）（%）

|  | 小学校 | | 中学校 | |
|---|---|---|---|---|
|  | 平成18 | 平成24 | 平成18 | 平成24 |
| 実施計画はない | 52.3 | 82.4 | 45.2 | 79.1 |
| 実施を計画中 | 33.5 | 1.7 | 36.3 | 1.4 |
| 選択制を実施 | 14.2 | 15.9 | 18.5 | 19.5 |

しかも，文科省の資料によれば，実施する場合も，「自由選択制」は

151

10.5％（全委員会の中では1.7％）にとどまり，特定の地域に導入が27.9％（4.1％）にとどまる。そして，特別に認定した学校について，どこからも志願できる「特認校」制度の導入が35.9％（全体の5.3％）である。

　そこで，東京都を例にとって，学校選択制の現状を確かめると，表28のように，小学校と中学校とで状況が異なる。小学校では「自由選択制」が5区にとどまり，学校選択制を「実施せず」が8区にのぼる。それと同時に，「隣接区域」も8区を数える。区部では，校区が密接しているから，指定校より隣の学校の方が近い状況も見られる。そうなると，隣接校は準校区という感じになる。このように，小学校は地域に根ざした教育を目指しているところに，小学校らしい特性が認められる。それに対し，中学校では，15の区で自由選択制を認めている。子どもも成長し，校区外通学も可能なので，生徒や親の選択を尊重したいというのであろう。

**表28　東京都の学校選択制**（平成27年3月，東京都教育委員会調べ）

|  | 小学校 | 中学校 |
|---|---|---|
| 自由選択 | 墨田，江東(1)，渋谷，足立，江戸川(2)の5区 | 千代田，中央，港，新宿，文京，台東，墨田，江東，品川，渋谷，荒川，板橋，練馬，足立，葛飾の15区 |
| 特認校は全区 | 中央の1区 | なし |
| ブロック選択 | 品川の1区 | なし |
| 「隣接区域」の通学を認可 | 港，新宿，目黒，杉並，豊島，荒川，板橋，葛飾(3)の8区 | 目黒，杉並，豊島の3区 |
| 実施せず | 千代田，文京，台東，練馬，大田，世田谷，中野，北の8区 | 大田，世田谷，中野，北の4区 |

(1) 江東＝徒歩30分以内。(2)江戸川＝1.2キロ以内。
(3) 葛飾＝小中一貫校は特認校扱い。

IV　学校文化の中の子ども

この間の事情を，もう少し詳しく，区ごとに確かめると，江戸川区は「自由選択」を採用しているが，区内の 71 小学校の内，14 校が教室の空きがないので，選択の対象外となる。そして，20 人以上を受けいれる学校は 23 校にとどまる。その上，選択の範囲も，①直線距離で 1.2 キロ以内まで，②登下校は保護者の責任などのルールが設けられているから，「隣接区域」制に近い。それに対し，中央区の場合，銀座の泰明小，日本橋の常盤小，兜町の阪本小，八重洲の城東小の 4 校が，どこからも通える「特認校」に指定されている。しかし，この 4 校は，伝統のある名門校だが，校区が繁華街やビジネス街に位置し，児童数そのものが少ない。そこで，他校区からの児童を受け入れて，伝統校の生き残りを図る試みであろう。このように小学校では，通学のしやすさや生活環境の確保などを考えて，学区制を存続しようとする動きが強い。

**公教育の中に学校間格差**

そうした中で，葛飾区も隣接区域制を実施してきたが，平成 23 年以降，27 年までに 5 校の小中一貫校を設置し，この学校は「特認校」として，全区内からの通学を認める制度を発足させた。また，品川区では，平成 18 年度から，各ブロックに 1 校，計 6 校の小中一貫校を設置している。表 29 に，平成 26 年度の品川区の小学校選択の結果を示したが，品川学園などの小中一貫校に人気が集まり，「校区外から」の志願者が多く，入学のための抽選が行われている。それに対し，非一貫校では，入学予定者が「校区外へ」流れ，「倍率」の欄が示すように，大幅な定員割れが生じている。このように，近年，各地で小中一貫校設置の動きが強まり，その一貫校に志望者が押し寄せている。その結果，人気のある一貫校と人気のない非一貫校とに，公立小学校の格差が広がる状況下にある。

平成 20 年に，学校選択制に関連して，品川区の小学校を取材する機会があった。そして，学校選択での人気校（多くは，現在の小中一貫校）の多くは，交通の便が良く，近くに大学や大病院があり，高層マンショ

153

ンの並ぶ高級住宅地に位置していた。それに対し，入学者の少ない学校の多くはターミナル駅から離れ，経済的にも豊かとはいえない地域に散在していた。そうした取材から，保護者が選択しているのは，学校の教育方針でなく，地域の文化度という疑念を抱いた。

表29　品川区の小学校選択（平成26年度，教育委員会の資料より作成）（人）

| | 校名 | 予定者 | 外から | 外へ | 志願者 | 定員 | 入学 | 倍率 |
|---|---|---|---|---|---|---|---|---|
| 小中一貫校 | 品川学園 | 76 | 95 | 17 | 154 | 125 | 128 | 1.23 |
| | 日野学園 | 72 | 58 | 27 | 103 | 90 | 93 | 1.14 |
| | 豊葉の杜学園 | 67 | 49 | 9 | 107 | 90 | 95 | 1.19 |
| 非・一貫校 | 中延 | 39 | 4 | 25 | 18 | 60 | 17 | 0.30 |
| | 清水谷 | 39 | 1 | 18 | 22 | 60 | 18 | 0.37 |
| | 第4日野 | 88 | 2 | 52 | 38 | 90 | 37 | 0.42 |
| 全体（39校） | | 2679 | 785 | 785 | 2679 | 2860 | 2461 | 0.94 |

　それと同時に各校を訪ねた印象として，人気校のA校には有名私立中学への進学を希望する保護者が多く，A校は受験指導に追われる公立学習塾という感じを持った。それに対し，非人気校のB校の校長は，「この学校では，地域的に受験を目指す家庭は少ない。不規則な夜間労働をしている親を持つ子が多いので，せめて，学校では寛ぎや安定を与えたい」と語っていた。その試みとして，校内農園を作り，動物飼育を行っている学校だった。校内が何となく殺気立っているA校と比べ，B校では時間がゆっくり流れ，子どもたちがのんびりと暮らしている感じだった。教育学者としての筆者は，人気のA校より，地道な実践を重ねているB校に好感を持った。しかし，現実の問題として，学校群選択の導入は学校間格差をもたらし，そこに，小中一貫校が登場して，事態をさらに深刻なものにしている。残念ながら，B校的な学校の未来は暗いと思わざるをえない。

## IV 学校文化の中の子ども

### 中高一貫校が序列化に拍車

　品川区では，平成26年度の場合，小学6年生の24.8％が私立中学へ進学している。その結果，成績の上位4分の1が区外に転出するので，公立中学に中位以下の層の子が増え，学校としての指導が困難になったといわれる。それだけに，成績トップ層の子の区外への転出に歯止めをかけるために，小中一貫の魅力的な公立校を作ろうという行政サイドの気持ちも理解できる気がする。

　ここらで，東京を離れた事例を紹介しよう。筆者はここ10年弱にわたって長野県軽井沢町の教育計画の立案を行ってきた。町には，旧軽井沢に東部小，中軽井沢に中部小，追分に西部小の3小学校があるが，相互に10キロ以上離れている上に，それぞれの文化圏を背景にしている。それだけに，小学生の内は，それぞれの地域で，友だちと接しながら，ゆったりと成長すればよいと思い，学校選択制を提案しなかった。なお，町の中央に軽井沢中学があるが，近隣の私立学校へ1割の生徒が転出している。それだけに，中学を活性化させ，一人でも多くの子を軽井沢中に戻したいと考えた。そうした折り，平成24年に県立屋代高校附属中学が誕生し，全県下から受験できることになった。しなの鉄道を使うと1時間強，軽井沢からの通学が可能なので，町からの受験者が増加し，上位層の2割が町の外に進む事態となり，トップ層の抜けた軽井沢中学は学校作りに苦慮している。

　長野県の屋代高校附属中学の事例に限らず，東京の千代田区立九段中等学校や都立小石川中等学校，千葉県の県立千葉高校附属中学校や千葉市立稲毛高校附属中学校など，各県で高校と連携した6年制中等学校の創設が続いている。しかも，6年制中等学校の多くは伝統のある公立名門高校を母体としている上に，学区制を撤廃しているので，県下から志願者が殺到する。そうなると，一流大学への進学率を誇る名門私立校に，新参だが，伝統校を受け継ぐ公立中等学校も加わって，県単位の進学競争が中学校レベルから激化する。その結果，中学校は公私の中等学校を

155

頂点に，その下に，小中一貫校，そして，進学率の良い中学校のように中学校の序列化が進む。その影響は，小中一貫校を中心に小学校まで波及し，小学校にも序列化の雰囲気が漂うようになる。そうした状況に接すると，学校選択とは，公私で進学を競い，学校を序列化する政策なのかという疑念が強まってくる。

## アメリカで見た学校選択の姿

学校選択というと，40年ほど前に初めて訪れたシアトル近くの町・タコマを思い起こす。市内に30校近い学校があるが，ハンディで読みやすいスクールガイドがあり，それを読むと，各学校の特色が分かるようになっていた。「オープンコンセプトの教育を推進」，あるいは，「伝統的な学校の雰囲気を守る」，そして，「音楽指導に自信」，「運動施設が充実」，「しょうがい児の専門家が常駐」など，どの学校も，学校としての個性を強調している。そして，それぞれの方針を掲げて，各校が入学希望者を募る。せっかく来たのだから，何校かを訪ねてみた。校長が出てきて，自校の教育目標を説明した後で，学校内を案内してくれた。たしかに，それぞれの学校に個性があって，タコマに住んでいたら，子どもをどの学校へ入れるかの選択に迷うと思った。それ位に学校差が大きかった。朝ホテルから見ていると，何台もの黄色のスクールバスが走っている。選択した学校へ子どもを送迎するバスで，教育委員会に問い合わせると，バスは42台とのことだった。

教育学を専攻していたから，アメリカでは教育の地方分権化が定着し，地域の教育委員会が行財政面の権限を持つが，学校のことは校長の権限に属することは知っていた。しかし，タコマで目にした学校選択の姿は新鮮だった。それぞれの学校はその学校としての教育目標を具体的な形で公表する。そうした学校ごとのメニューを見て，親は子どもを進学させたい学校を選ぶ。新学期が始まると，子どもを目的の学校まで届けるための黄色のスクールバスが市内を走り回る。市内ならどんなに遠い地

156

域の学校でも子どもの送り迎えをしてくれるという。商店と同じに，学校も個性を作って，親の選択を待つ。自由競争下の学校なので，勝者と敗者が生まれる。その時は，オープンコンセプトの学校に人気が集まり，校長が意欲的に学校経営の方針を語っていた。そうした一方，シュタイナー流の情操を大事にする学校にも固定した入学者があり，校長は「子どもの時期に五感を養うのが重要」と語っていた。その一方，西欧的なしつけを大事にする保守派の学校もあった。それぞれの校長が自校の目標を語り，入学者を募る。こうした学校選択の姿にアメリカ民主主義の一端にふれた感じがしたが，それと同時に，いつか日本の町で，この光景を見たいと思った。

　それから，何度となくアメリカの学校を見学してきた。現在では，大都市を中心に，チャーター・スクールのように保護者主導の公立学校が増加すると同時に，マグネット・スクールのように行政主導の個性的なプログラムを持つ学校も一般化している。さらに，フリースクールやホームスクールもそれなりの保護者の支持を集めている。したがって，アメリカでは，学校選択というより，子どもの成長に応じて，学習の場を選ぶ仕組みが定着している。

　もちろん，アメリカの制度には光の部分だけでなく，影の側面も見られる。無能な行政府に無気力な校長，さらに，考えることを停止した保護者が重なると，その地区の学校は悲惨な状況を招くことになる。特に，財政難的な基盤の弱い自治体の場合，教育費が削減され，学校設備の老朽化が進むだけでなく，かなりの教員がレイオフされる。その結果，学校が廃墟化し，町で不就学児を見かけるようになる。


## 「学力」を基準とした学校選択の悪夢

　高級住宅地を抱える地域に，夢のように明るく自由な学校が見られる反面，車を小1時間走らせると，廃墟のような地域に荒廃した学校を見かける。アメリカで，そうした学校格差を目にすると，標準を保証し

157

てくれる日本の教育の良さを感じることもある。

　もう一度，平成12年の「学校選択制」の原点に戻ってみよう。それ
ぞれの学校が個性を発揮して，地域に多様な学校が点在する。保護者は
その中から子どもに向いた学校を選択する。選択という競争原理を導入
して，学校を活性化させようとする試みだった。しかし，現状では，「小
中一貫」という名のもとに，「一貫校」に入学できた子と入れなかった
子とに子どもの両極化が進んでいる。これは，学校選択というより，学
業成績による序列化で，昭和初期の（旧制）中学選抜の悪夢が復活して
いるのを感じる。

　もっとも，日本では，文科省が学習指導要領を公示して，どの学校で
も同じ内容を教えるように指示している。加えて，教育委員会は，学校
が指示から逸脱していないかをチェックしている。教育全体に中央集権
的な性格が強く，学校の裁量の幅がきわめて狭い。そうした状況の中で
は，多様な学校などが存在するはずがない。となると，学校選択にあた
り，学校の個性でなく，地域の文化度や学校の学力を尺度とするのは当
然の帰結のように思う。

　現在，欧米では，学校選択はごく当たり前の現象で目新しくもない。
それだけに，日本でも，学校選択の理念を生かすことはできないのか。
具体策をあげるなら，教育特区的な発想で，希望する市町村に小中学校
に関する権限を委譲する。その市町村では，各学校が自校の運営ビジョ
ンを発表する，それを見て，保護者が学校選択を行う。そうした形で，
特定の市町村から学校選択の動きを起こし，その輪を全国的に広げてい
ければ良いのではないか。

Ⅳ　学校文化の中の子ども

# 16　6・3・3制

## 複線型学校制度の時代

　6・3制の見直しに社会的な関心が集まっている。6・3制は昭和22年4月に導入されたから，発足以来70年近くが経過し，この制度で学んだ者がすでに還暦を迎えている。それだけに，6・3制は日本社会に定着した感じだが，6・3制以前の昭和初期に時代を戻そう。

　教育学の入門書に書いてあることだが，学校制度には複線型と単線型の2類型が存在する。基礎教育修了後，子どもの進路に応じて進学先が分かれるのが複線型で，昭和初期を連想すれば，小学校卒業後の子どもの進路は，①（旧制）中学や高等女学校と②商業や工業などの実業学校，③高等科（高等小学校），④卒業後，社会で働くの4タイプに分かれていた。

　この内，①のタイプは，5年制の（旧制）中学を卒業後，3年制の（旧制）高校を経て，大学へ進むのを基本とする高学歴取得コースだった。森有礼文相の時代に制度の輪郭が作られたが，大正時代でも，大学は，旧制帝大や早慶などの全国で40校程度に限られていた。それだけに，卒業生は「学士さま」と呼ばれる程に社会的な評価は高く，高等教育修了者は該当年齢の1％以下のエリートだった。

　旧学校制度の②のタイプとしては，商業，工業，農業などの4（5）年制の学校を指すが，そうした実業学校は現在では考えられない位の高い社会的な評価を得ていた。中でも，県庁所在地の名をつけたトップ校，例えば，静岡商業（現・静岡商業高校）を卒業すれば，県下の銀行などの実業界を闊歩できるし，秋田の農業を支えたのは秋田農学校（現・大曲農業高校）の出身者だった。もちろん，①が全国規模で，②は県内と，卒業後に活躍する場に違いが見られる。しかし，②は，地元密着型の実

159

用性の高い学校の上に，①と比べれば，学費も安くすむ。それだけに商業学校や農学校は中学と肩を並べる人気校だった。しかし，昭和初期でも，中等教育への進学者は，①に②を加えても1割程度に限られていた。

### 進学と非進学とを分けるもの

進学コースへ進めなかった子の就学年限は，明治40年に小学校が4年制から6年制に延長される。そして，④のコースを歩む子どもの場合，多くの子は農作業を手伝うか，都会に出て，商店に入り小僧として働くか，親方について職人の仕事を手伝うかの生活を始める。そして，「修業10年」の通りに，兵役までの期間，盆と正月の休み以外は住み込みで働き，忍耐の日々を送ることになる。大正期に入り，第一次大戦後の好況の中で，多少のゆとりの出た家庭では，12歳で社会に出すのは不憫だと，③の2年制の高等科へ子どもを進ませる傾向が強まった。

このように，12歳から17歳までの多感な時期に，①と②の進路をたどった者は将来を夢見て勉学に励むが，④はむろん，③の進路の子も，実社会の中で忍耐の数年を過ごすことになる。そうした進学と非進学とを分けたものは，入試に通るための学力も問題だが，それ以上に大きな重みを持ったのは家庭の経済力の開きだった。

それでは，進学を考えた場合，どの程度の経費がかかるのか。高崎中学の「諸規定（明治45年）」によれば，通学生の経費は毎月，授業料1円70銭など4円43銭，寄宿生はこれに食費5円40銭が加わるので，9円83銭が必要だと記述している。また，「東京遊学案内」（明治40年版）によれば，中学の入学金は平均1円，月謝は2円50銭程度である。もちろん，この他に学費が加わるので，東京で勉学するには，「下等」の暮らしで7円50銭，「中等」だと9円00銭が必要と指摘している（酒井勉『東京苦学勉学案内』明治39〔1906〕年）。大きくつかんだ場合，中等教育進学に月10円が必要な時代である。そして，高校進学について，（旧制）松本高校の校長・茨木清次郎は，「下宿料は18円より20円を

Ⅳ　学校文化の中の子ども

要し，授業料，書籍費，学用品日用品其他を積算せば，1ヵ月30円を要すべく，随って家に相当の財を擁せざれば，其子弟を修学せしむる事能わず」（大正8年）と育英事業の必要性を訴えている。（『長野県松本中学90年史』1969年）

　中学進学に月10円程度が必要と考えた時，10円はどの程度の重みを持つか。父が倒産し，高等小学校を退学した吉川英治は，明治39年に印刷工場の少年工になるが，12時間労働で日給16銭，その後，税務署の給仕で月に7円の収入を得ている。また，大門一樹『物価の百年』（早川書房，1967年）によれば，大正3年の帝大卒の給与は破格に高く，初任給が40円で，次の年は50円，その後，年俸1000円程度になる。また，活弁の初任給は15円だが，人気が出ると30円から50円と上がる。しかし，労働者の収入は15円程度だったという。また，週刊朝日編『値段の明治大正昭和風俗史』（朝日新聞，1981年）にも，巡査の初任給が大正元年で15円という数値も見られる。時代が下がるが，大正15年に京都市役所が実施した商工徒弟の実態調査によると，勤務年限は平均7年で，給与は9円24銭だった。（深谷昌志『学歴主義の系譜』黎明書房，1969年）

　物価の推定は，何を基準に設定するかによって異なってくるし，厳密な実証は他の専門家に委ねざるを得ないが，大正初期，労働者階層の月収を15円程度ととらえたなら，中学進学の10円は家計の3分の2を占め，子どもの進学を検討するゆとりもない感じである。考えてみれば，実業学校（②のコース）でも4年間，中学（①のコース）なら5（4）年制の上に，高校の3年制，大学が3年制と勉学の期間が続く。交通事情が良くない時代なので，中等学校でも，自宅から通える者は少なく，学校の寮に入るか，下宿することになる。そうなると，①の場合，11年間の学費の面倒を見ることが必要で，中等教育への進学はまったく高嶺の花となる。そうなら，望みを持たせずに，子どもを実社会に進ませる方が親心という感じになる。

## 小僧としての日々

中学から大学へ進んだ人の記録は目にする機会が多いが，小僧の道の紹介が少ないので，そうした事例をいくつか紹介しておこう。

松本の呉服屋の長男として生まれた池田六衛（明治32年生まれ）は，小学校卒業後，小諸の呉服問屋の大和屋を奉公先に決める。大和屋には，呉服関係の奉公人だけで26人，六衛と同年の入店者は8人だった。そして，「朝は6時の起床から，夜は早くて11時，仕事の都合で遅くなれば，夜中の12時にならなければ寝れません」の毎日だった。布団敷きや風呂の水汲みが新入りの小僧の仕事で，毎日1300回も井戸からのくみ上げが必要だった。そして，仕事が遅れたりすると，すぐに番頭が「裏の土蔵の中に引っ張り込んで，殴る，蹴る」を繰り返した。その後，六衛は，お礼奉公を含め13年働いて松本に戻っている。退店にあたり，「店からは紋付きの羽織，袴と松と鶴の模様の付いた3組の杯が贈られ，金2百円を添えて退店式」が行われた。同時に入店した8人の内，正式に退店できたのは2人だけという時代である。（池田六衛『丁稚小僧ものがたり』郷土出版，1987年）

もう一例，大正期としては標準的な事例をあげると，和裁で身を立てた黒川儀兵衛（明治34年，東京の浅草育ち）は高等小学校卒業後，駒形の仕立屋に奉公に入った。勤めた店は奉公人が数名の小さな店で，儀兵衛は2年間，「掃除，洗い物は勿論，年中子供の子守りをさせられました」。「仕事の方は最初は何も教えてくれないんです」。その後，「家事の間に仕事を少しずつ教わるんです。初めは運針の練習だけです」となる。何とか針を使えるようになるのが3年，そして，4年後に，雑用から開放された「座りっきり」となる。20歳の兵隊検査までが見習いで，検査が終わると一人前として扱ってくれて給料をもらえるようになる。そして，修業に入ってから11年後の昭和元年に仕立屋として独立している。（黒川儀兵衛「和裁一筋七十年」『下谷・浅草の明治，大正，昭和7』 台東区下町風俗資料館，1991年）

Ⅳ　学校文化の中の子ども

　黒川の事例から，十数年後になるが，新宿の布団店の主人今井正二（大正4年，滋賀県甲賀郡育ち）は，高等小学校を出て，奉公に出ることになり，「先生や友人や親戚などが，いれかわり立ちかわり送別会をやってくれた」。滋賀の田舎では，中途で戻ると，根性なしといわれ，家族皆が肩身の狭い思いをする。それだけに，年季が明けるまで郷里に戻らないと心に決め，老舗の呉服屋に住み込む。「正二は，朝6時に起き，掃き掃除や雑巾がけをして朝御飯，午前中は番頭からソロバンや習字を習い，午後は土蔵などの掃除，そして，夕食」。その後，店で雑用をし，8時過ぎに，2階に上がり，眠りにつくのが日課だった。

　時代も昭和に入っており，きちんとした老舗で，徒弟教育のシステムができていて，小僧の中では恵まれた環境だが，それでも，家を離れての暮らしなので，寂しさで寝にくかったという。そして，5年後の正月，銘仙の着物と羽織を着て，「初登り」で郷里へ戻っている。（今井正二『あっけらかん』早稲田出版，1995年）

　これらの事例は，小僧の中の成功者の回顧であって，実際には我慢をできずに退店する者が少なくない。もちろん，農商務省の刊行した『職工事情』（明治36〔1903〕年）に一端を見る年少労働者や農業の小作の場合，将来に希望を持ちにくい10代を過ごすことになる。

### ドイツで見たパンの職業学校

　フランクフルトの郊外で子ども調査をした時，時間が取れたので，パンの職人を育成する3年制の専門学校を訪ねて，驚いた。パン職人のギルドが200年ほど前に設置した伝統のある学校で，現在でも，一流レストランやホテルのパン職人は同校の卒業生だと聞いた。パン食のヨーロッパではパン職人の親方の社会的な評価は高いが，名だたるパン作りのマイスターが学校へ教えにきている。自分もこの学校で育ったから，後輩を指導するのは自分たちの責務だという。

　ドイツの職業制度は「デュアル・システム」と呼ばれる。職場の中で

163

職業体験を積むのと並行して，その職種に関連した職業学校に通う制度である。パンの専門学校の生徒も学校へ行くのは週に2日程度で，他の日はそれぞれの店でパン作りを手伝っていた。このパン職人学校の他にも，市の周辺には，煉瓦工や自動車整備などのマイスター育成を目指す学校が40校ほど設置されていると聞いた。学校の具体的な仕組みは職種や地域により大きく異なる。しかし，ドイツではマイスターの社会的な評価は高く，資格を取得すれば，安定した生活が保証される。それだけに職業学校に籍を置き，その学校を卒業すれば立派な人生を歩める見通しを持てる。代々のパン作りマイスターの肖像画を見ながら，日本で，どうしてマイスター的な学校が成立しなかったのか，残念だと感じた。それと同時に，これからでもすし職人や畳職人などが，それぞれの技能を伝達するきちんとした学校作りをしてはと思った。

### ノブレス・オブリージュ

　これまで，小学校卒業後，社会に出た子どものその後を考察してきた。そうした子と比べ，中学進学者は経済的に恵まれた苦労なしの子と思われがちだ。しかし，進学者の為に補足するなら，名門中学の入試は10倍程度の難関だった。それだけに，進学者は学業が得意なだけでなく，受験勉強に耐える勤勉さの持ち主でもあった。それと同時に，旧制中学では落第が普通で，規定年限通りの卒業者は3割程度という記録もある。したがって，かつての中学には怠惰を淘汰する機能が作動しており，卒業のためには勤勉さが求められた。

　社会的な活躍をする者が旧制中学—旧制高校—帝国大学の進路をたどる状況は西欧の教育制度を反映している。日本の旧制中学に相当する学校を西欧に求めると，イギリスのグラマー・スクール，ドイツのギムナジウム，フランスのリセーとなる。そして，伝統的に，グラマー・スクールは寄宿舎学校だった。寄宿舎での生活の一端は，変な話だが，「ハリーポッター」に登場するホグワーツ魔法魔術学校の例が分かりやすい。魔

Ⅳ　学校文化の中の子ども

法魔術学校には4つの寮があり、それぞれに暮らし方のルールがあって、厳格な規律の下で寮生活を送っている。

　グラマー・スクールでは、エリートには厳格な自己規制とひるまない勇気が求められるという考え方から、生徒はハウス（寄宿舎）で規律の厳しい日々を送る。しかも、基本的には生徒の自治管理なので、上級生は下級生にスクールらしさを身につけさせることが必要だった。冬場でも半ズボン着用が良く知られているが、ラグビー校を発祥の地とするラグビーも、勇猛果敢な団体スポーツとして発達してきた歴史を持つ。そして、イートン、ハロー、ラグビーなどのグラマー・スクールの卒業生はケンブリッジやオックスフォードなどの大学へ進み、イギリス社会のエリートの道を歩むことになる。

　バーナード・ショーが原作を描いた『マイ・フェア・レディ』が揶揄しているように、西欧社会は身分制の強固な社会で、上流社会を構成しているのは、グラマー・スクールの卒業だった。そうした上流階層に対する不満を解消するだけではないが、エリートには「ノブレス・オブリージュ」（貴族の責務）が求められた。現在でも、高齢のエリザベス女王が災害地にいち早く駆け付ける姿を映像で目にすることが多い。危機にあたって、先頭に立つのがエリートの責務という通念が定着している社会である。実際に、第二次大戦中、イートンやハローなどの卒業生の戦死率が他の階層より多かったのは周知の史実である。イートン校を訪ねると、校門の壁に、第一次、第二次大戦で戦死した卒業生の銘が刻まれているのに感銘を覚える。ちなみに日本の場合、（旧制）高校の戦死者は他の階層よりはるかに少なかったといわれる。エリートは本部に陣取り、前線に出ていかない文化である。

　こう見てくると、ヨーロッパの場合、複線型学校制度の中で、エリートに「ノブレス・オブリージュ」的な責務感を課すと同時に、民衆にはギルド的な自己実現の場を設定している。それだけに社会的な不満が多少緩和される感じがする。しかし、日本の場合、複線型の学校の卒業歴

165

がそのまま社会的な上下関係と結びつくだけでなく，責務感を持たない
エリートが民衆に君臨する社会を作り上げた気がする。

## アメリカモデルの 6・3 制の発足

　昭和 21 年 3 月初め，第 1 次教育使節団が来日した。使節団は，占領
下の日本の教育改革の基本方針を決める使命を帯び，全米を代表する教
育関係の学者や教育長 27 人から構成されていた。そして，1 ヵ月間，
日本に滞在して，日本の実情を視察し，日本側の関係者と折衝した結果
を報告書にまとめている。具体的には，①教育委員会制度の発足や② 6・
3・3 制教育制度の導入，③男女共学の実施，④無償教育の実現などが
提言されていた。中でも，6・3・3 の 12 年制共通教育の実施は複線型
から単線型へ学校制度を 180 度転換させることを意味した。性別や家
の豊かさなどに関係なく，どの子も共通の場に身を置き，平等の教育を
受け，民主社会の土台を作る。それが，6・3・3 制の理念だった。

　しかも，報告書は机上のプランでなく，GHQ（連合国総司令部）は
計画全体の完全実施を求めた。しかし，男女共学についていえば，男女
別学制を堅持してきた背景もあって，共学に強い抵抗があった。それ以
上の難題は，3 年制の新制中学（前期中等教育）の全国的な設置だった。
学校制度の新設であるから，新校舎が必要だし，教員の確保も不可欠だっ
た。しかも，当時は，戦後の混乱期で財政的に破綻している上に，校舎
の 3 割が戦災で喪失しているから，新制中学の設置など不可能に近かっ
た。しかし，使節団帰国後，CIE（民間情報教育局。進駐軍の中で，情
報や教育を担当した部局）は，新教育の推進を強硬なまでに進める態度
をとり，1 年後の昭和 22 年 4 月に新制中学制度の実施を迫った。

　『日本の新学期』（読売新聞社，1955 年）は，証言をもとに綴った優
れた資料だが，その見出しに，「軍服を着た教育者たち」，「6.3 制の血
涙史はじまる」，「6.3 制強行，右に教科書，左に鉄砲」とある。たしかに，
財源は地方負担の原則の上に 1 年以内に中学校を全国的に設置するの

は無茶の一語につきる。そのため，進駐軍の強要と財政難の間で死を選んだ町長などの状況もあるが，多くの地域では，焼け残った建物の共同利用や2部授業，仮設校舎の設置などの工夫を凝らして，昭和24年4月に日本の新学期はスタートすることができた。

　無謀なまでの強制突破だが，日本にとって幸運だったのは，使節団が改革の根底に教育の民主化を据えたことであった。学者主導の計画案らしく，日本に民主的な教育を定着させたいという理念追求的な計画でもある。それだけに，教育学的に見て，現在でも改革案を優れた教育計画として評価できるように思う。実際に，この時期のアメリカでは，南部を中心に人種の差別政策がとられていただけでなく，ジェンダーの面でも決して平等な社会ではなかった。それだけに，日本の教育改革は，アメリカの平均的な教育よりも進んだ面を含んでいた。皮肉な話だが，占領軍の無理押しがなければ，男女共学の実現に半世紀を費やしたであろうし，複線型は今も残っているように思う。それはともあれ，アメリカの民主主義をモデルにした理念追求的な改革は，2部授業やバラック校舎の時代を経て，昭和20年代後半に日本社会に定着していく。

## 新しい形の複線型学校制度への回帰

　それから半世紀を経て，現在，「学校選択制度（Ⅳ－15）」の項でふれたように，私立校の中で中高一貫の動きが定着する一方，公立学校でも，有力な公立高校に附属中学を併置させる中高一貫校の試みが見られる。そうした状況が進むと，進学期待の強さを軸に，中高一貫の6・6制の学校へ進学する子どもとこれまでの6・3・3制の学校に籍を置く子どもとに，子どもが2極化される状況になる。そして，前者がトップランクの大学へ進学し，社会的な上昇を目指すのに対し，後者は並みの大学を出て，上昇を望めない人生を歩む。その結果，修学年限は同じだが，進学した中学や高校，そして，大学のランクにより，人生が上下に2分化される新しい形の複線型学校制度が誕生することになる。

そうした一方，実施後60年を経て，6・3・3制は制度疲労を起こしているともいわれる。たしかに，研究者の間では，6・3・3制より4・4・4制が望ましいという意見が多数を占める。具体的には，6・3・3制の6は長すぎ，3は短すぎる。一般論として，3年制の学校は，入学年度と卒業年度があって，じっくり腰を落ち着けるのは中間の1年間に限られ，学校生活の安定を欠きがちになる。その反面，6年制の小学校に，幼児の感覚を残した1年生と思春期を迎えた6年生とが同じ校舎に暮らすのは発達的な無理を伴う。胸のふくらみかけた6年生の女子がランドセルを背負う姿に無残という感慨を抱く。

　考えてみると，そうした制度的な疲労が目につくことはたしかだが，6・3・3制は，制度発足から半世紀以上を経て，日本の教育の骨格となった感じもする。

　周知のように，6・3・3制はＧＨＱ（連合国総司令部）の要請で1946年3月に来日したアメリカ教育使節団報告書を土台に作られた学校制度である。そして，この制度はアメリカの西海岸，特にカリフォルニア州の教育をモデルにしているので，その頃のアメリカの中でも民主的な色彩の強い学校制度だった。

　あらためてふれるまでもなく，6・3・3制は12年間，どの子も共通の教育を受けることを基本としている。それだけに，時代を先取りした民主的な性格が強く，導入を契機に，その一環として，いち早く男女共学が実施された。その結果，諸外国で起きたジェンダー・フリーの荒波を避けることができた。また，単線型の学校への移行を完了していたので，人種的あるいは経済的な差別解消の動きを乗り越えることができた。それだけに，学校制度改革にあたり，6・3・3制の理念を踏まえつつ，21世紀の後半を視野に入れて，未来志向的な学校制度改革を構想する姿勢が大事になる。

　その際，どの子にも共通の9年間の体験を持たせる制度を堅持したいと思う。ただし，6・3・3制の区切りの悪さを是正し，思い切って，4・

IV　学校文化の中の子ども

4・4制の学校制度を目指してはどうか。さらにいえば，幼児の成長が早まっているので，就学年齢を1年早め，5・4・4制の13年制が望ましい制度となる。そして，「仲間集団作り」の5と「基礎学力を固める」の4，そして，「個性を伸ばす」の4という形に，学校制度を3段階に分け，それぞれの段階の課題を明確にする。具体的には，最初の5年で集団での暮らしを身につけ，次の4年で基礎学力を習得し，最後の4年で個性を探す。ここまでの13年間を基礎教育の段階ととらえてはどうか。5年制基礎学校でゆったりと時間を過ごし，思春期の子が在籍する4年制中学で自分らしさを作り，青年期前期の若者が集まる4年制高校で個性をみがくという5・4・4制が理想の学校制度となる。実際に多くの社会で，5・4・4かそれに準じる学校制度改革が進んでおり，6年制小学校を持つ社会は少数になりつつある。

　そして，13年の課程を終えたら，すぐに大学へ進学せずに，一度，社会に出て，少なくとも1年間，社会生活を送ってはどうか。サバティカル期間の設定である。その時期に農村で勤労体験を積んでも良いし，アフリカの貧困地域のボランティアとして参加する。1年かけて絵画の技法を学ぶのも魅力的だ。その期間に自分の適性を考え，その後に，大学の門を叩く。大学進学は，20代前半でも，30代になってからでもよいのではないか。そうなれば，進学の目的が明確になるので，惰性で4年間の大学生活を過ごす現状を打破でき，大学も活性化する。教育は未来の社会を築く土台作りだけに，21世紀を見通した骨太の制度改革を目指してはと思う。

# 17　入学試験

### 教育の歴史は受験の歩み

「入試」という言葉に，ある年齢以上の人たちは，若い頃の禁欲の日々を思い起こすのではないか。そして，ヘルマン・ヘッセの『車輪の下』の主人公・ハンスの境遇に，自分を重ね合わせた人も多いように思う。

高校受験状況が厳しく「15の春は泣かせない」という言葉が流行った時期があった。「乱塾時代」や「過教育」などが，誌面を飾っていた時もあった。そして，大学入試には「浪人」がつきものだが，「一浪」は「人並み」で，「二浪」からが，ほんまの浪人と言われた時代である。

人気校に志願者が殺到する状況は，今も昔も変わりはなく，教育の歴史は受験競争の歩みでもある。特に，東京や京都の帝大に籍を置くには，一高（旧制・第1高等学校）や三高の卒業が前提となるので，（旧制）高校入試は，日本の最高峰に位置する難関だった。明治30年代を例にとると，高校の入学定員2千人程度のところに，トップランクの中学を卒業した全国の英才5千人がチャレンジする。合格者の中で，現役生は6割以下，2浪以上が2割程度を占めた。旧制高校の制帽に白線が入っていたことから，高校浪人は「白線浪人」と呼ばれた。

### 昭和3年は入試が実施されなかった

（旧制）高校入試を国レベルの最高峰とするなら，（旧制）中学や高等女学校の入試は県レベルの難関だった。明治期は無論，大正期でも，トップランクの中学入試は数倍が通例だった。しかも，何となく受験する時代ではないから，入学を本気で目指す子の倍率である。そうなると，合格を目指しての小学校で準備教育が始まる。小学5年の終わり頃から，学級内に受験組が編成され，図画や音楽の時間を減らし，受験科目に振

IV　学校文化の中の子ども

り替えるだけでなく，6年生は夏休みを返上して特訓する。9月に入ると，夜遅くまで，学校での補習勉強が続く。(旧制)中学入試は，大きく羽ばたける人生を送れるかどうかの分かれ道で，それだけに，難関中学への合格率の高い小学校は名門と呼ばれ，越境入学者が多かった。

　そうした状況に対し，大正期から，小学校での補習教育禁止令が繰り返し出されるが，通達の効果がなく，隠れての補習が蔓延する。入試があるから補習教育を根絶できない。それなら学力試験を廃止し，小学校の平常点を中心に入学者を決めてはどうかという改革案が浮上する。そして，昭和3年の春，(旧制)中学や高等女学校への進学にあたり，学力試験を実施しない形での選抜が実施されることになった。具体的には，①小学校の内申書と②口頭試問，③体力検査とで，合格者を決定する選抜方法である。

　この入試制度では口頭試問が鍵となるので，試験当日，各学校では十分な準備を重ね，丁寧な面接を試みようとした。そうなると，受験生一人に対する面接時間が長引き，受験生を長時間待機させる状況になる。さらに，多くの学校では，口頭試問の中に学力試験的な問いを加えるので，さらに，時間を多く取られる。それでも，口頭試問と体力検査だけでは，受験生の差がつかなかった。結局，多くの学校では，小学校からの内申書を手掛かりに入学者を決めることになった。

　混乱の中で選抜を終え，新学期がスタートする。この「学力試験なしの入試」に，大きな社会的な関心が集まっていたので，多くの中学で選抜の妥当性についての追跡調査を実施し，その結果を公表した。それによると，面接検査の上位で入学した生徒の6割以上が，中間試験で中位以下の成績にとどまる。あるいは，山村部の学校で内申書がトップの子の中間試験の成績が，都市部の学校の中位よりかなり劣るなどである。さらに，期末試験に前年度と同じ出題を課したところ，平均点が20点以上下がったなどの情報が広まる。その内，町の有力者に頼まれて，小学校校長が有力者の子のために内申を改ざんした事例がスクープされ

171

る。

　こうなると，面接だけではきちんとした選抜はできないが，かといって，小学校の内申もあてにならない。結局，入試なしの選抜は事態を混乱させるだけで終わった。そこで，文部省は，次年度からの選抜について，筆記入試の再開を決定し，学力試験なしの選抜は1年で終わることになった。

　入試についてのこうした混乱は，中学だけでなく，（旧制）高校の入試についても見られる。高校浪人を減らし，受験生の負担を軽くするための入試改革が試みられる。例えば，一高に志願者が集中しないように高校全体を対象とする総合選抜制を導入する。あるいは，入試を2回実施する。そして，学力試験に面接点を加算するなどだが，いずれも効果をあげることなく，昔ながらの単純な学力試験が復活している。


## 「平等」と「個性」とのバランス

　これまで，多くの社会でさまざまな入試改革が試みられてきたが，教育史の示すところによれば，どの改革も挫折し，単純な学力試験に回帰している。東京では，昭和42年から，学校群制度が導入された。特定高校に志願者が殺到するのだから，地域の高校を束ねて学校群を作り，その枠に入った者をどこかの高校に入学させる制度である。机上プランとしては良さそうだが，この制度だと，枠内に入れば，どこかの高校に入れるのはたしかだ。しかし，どこの高校へ入学（配当）させられるか分からない。それなら，入学先を前もって特定できる私立校を目指そうという動きが強まる。その結果，都立校の評価が低下する一方で，麻布や開成などの私立高への進学ブームを招き，昭和57年に学校群制は廃止された。

　そういえば，京都で「小学区制」が厳格に実施されていたのを思い起こす。第2次大戦後の教育改革の際，「小学区制」は「総合制」と「男女共学」を合わせて，高校3原則と呼ばれる教育改革のシンボルだった。

Ⅳ　学校文化の中の子ども

同じ地域に住む子どもは，小学校や中学と同じように，男女が一緒に，普通科や商業科などの区別をせずに，同じ高校で学ぶ仕組みである。平等を尊重するアメリカ流の民主主義的な教育計画だが，各県に商業や農業などの伝統を誇る学校があり，そうした学校を存続させた方が生徒の進路に対応できるし，進学希望者も多い。そうした判断で，多くの県では「総合性」の理念を崩して，商業や工業，農業高校の存続を図った。しかし，京都では蜷川知事のもと，高校3原則が堅持され続けた。この場合，中学と同じように，高校も地元校に入学するので，進学する高校が決まっている。そうなると，受験勉強の必要はない。しかし，それでは，高校へ入学できても，望みの大学には入れそうもない。そうした状況を反映して，京都は通塾率が高いだけでなく，洛北（旧・府立1中）などの公立校の地盤が低下する一方で，私立校に受験生が殺到する結果を招いた。

　この問題を大きく摑むと，「平等」と「個性」との兼ね合いをどう図るかに関連してくる。幼い内は，共同生活を送って，共通の体験を持った方がよい。しかし，成人すれば，自分なりの人生を歩むのだから，個性化が必要だ。そうなると，学校制度の中で，どこまで「平等」を通し，どこから「個性」を図るかが課題となる。そして，東京の学校群制度や京都の小学区制の事例は，公立の教育制度の中で，高校までの平等の原則を堅持した政策だった。その限りでは納得できるが，その反面，個性化を求める気持ちが私立学校への集中を招くことになる。そして，私立校は学費が高いから，富裕層は高学歴を取得できるが，庶民層は高学歴から排除されるとの批判が強まる。そして，公教育こそ経済的に恵まれぬ子どもの可能性を伸ばすべきだとの声が高まる。その声を生かそうとすると，公立校の仕組みの中に，中高一貫校や国際高校の設置などを組み込む政策がとられる。そうなると，人気公立校へ進学するための準備教育が公立小学校内で始まることになる。そして，夜遅くまで学習塾へ通う子が増えると同時に，越境入学をする，家庭教師を雇うなど，富裕

173

層の子が進学しやすい事態が生まれる。問題が一回りして元に戻った感じである。

### 高校進学や大学入試の重圧から解放された

平成 27（2015）年 3 月で，雑誌『児童心理』が創刊 1000 号を迎えるので，それを記念して，子どもの未来像を尋ねる調査の企画・実施を依頼された。この調査では，昭和 54（1979）年に実施した調査と同じ項目を使用して，35 年間に子どもの意識がどう変化したのかを明らかにしようとした。

その中に，中学進学後の見通しについてのデータがある。表 30 の通り，1979 年の子どもの 8 割以上が，中学に入ったら，「テレビを見る時間」や「友と遊ぶ時間」，「ねむる時間」をぐんと減らして，「勉強する時間」を増やさなければならないと感じている。のんびりできるのは小学校までで，中学からは高校受験を目指して，禁欲的な生活を送らなければならないと予感している。それに対し，2014 年の子どもも，中学から禁欲の時間が始まるとは思っているが，その割合は 5 割強にとどまる。換言するなら，半数近い子は，中学生になっても，今までとそれ程変わらない生活を送れそうだと思っている。

表 30　中学生になってからの見通し　　　　（％）

| 項目 | 尺度 | 1979 年 | 2014 年 |
|---|---|---|---|
| テレビを見る時間 | とても＋かなり減る | 86.7 | 53.5 |
| 友と遊ぶ時間 | とても＋かなり減る | 81.8 | 53.4 |
| ねむる時間 | とても＋かなり減る | 79.0 | 56.8 |
| 勉強する時間 | とても＋かなり増える | 88.0 | 76.4 |

それでは，大学進学についての見通しはどうか。表 31 に示したように，昭和 54 年の場合，子どもの 44.9％，つまり，半数が希望する大学への

174

IV　学校文化の中の子ども

進学は困難と感じている。それに対し，平成26年では，「入学できそう」
が3割に増加し，これに，「分からない」，換言するなら，「なんとかな
るかも」の46.1%を含めると，8割の子が，大学への進学は可能と信
じている。

表31　大学進学への見通し　　　　　　　　（%）

| | きっと入れる | 多分 | まあ入れる | 入れる小計 | なんとも | まあ入れない | 多分入れない | 絶対入れない | 入れない小計 |
|---|---|---|---|---|---|---|---|---|---|
| 1979年 | 4.1 | 8.1 | 8.1 | 20.3 | 38.8 | 15.8 | 11.6 | 17.5 | 44.9 |
| 2014年 | 6.8 | 11.3 | 13.2 | 31.3 | 46.1 | 7.3 | 7.4 | 7.9 | 22.6 |

　たしかに，大学進学者の中で，現役生の占める割合は，平成26年に
は84.5%に達した。そして，定職につかない浪人候補者は，平成13年
の13万5千人から26年の10万4千人に減少した。大学は現役で入
るところという感覚が定着している。現実の問題として，平成26年の春，
定員割れを起こした私立大学は45.8%に達した。特定のブランドにこ
だわらなければ，受験勉強をしなくとも，どこかの大学へ入れる時代を
迎えている。そうした状況の中で，「浪人」や「蛍雪時代」は死語となり，
ケセラセラ（なるようになるさ）感覚の子どもが増加している。

**禁欲的な生き方から解放されて**

　この調査に協力した小学6年生は，2021年に大学進学期を迎える
が，近年，大学関係者の間で，「2018年問題」が深刻に語られている。
2018年から2031年にかけて，18歳人口が急速に減少し，大学進学
者数の激減が予想されている。具体的な数値をあげると，2018年の
18歳人口は120万人，大学進学率を54%と見込むと，進学者が65万
人となる。そして，2031年の18歳人口は87万人で，進学率の予想
を55%とすれば，進学者は48万人となる。これは，13年間に進学者

175

が 17 万人減少することを意味する。これは，入学定員 1000 人程度の中堅大学が 170 校廃校となることを意味する。

　もっとも，こうした事態が過去にあったことを想起する。1992 年から 2009 年にかけて，18 歳人口は 205 万人から 121 万人へ 84 万人も減少した。しかし，この時期，大学進学率が 27％から 50％への伸びを示し，人口減を進学率の高まりで補う形で危機を乗り越えることができた。したがって，2018 年問題も，大学進学率が現状の 5 割から 7 割を越えるような状態に上昇すれば，廃校する大学の数が減るのかもしれない。しかし，進学率の大幅な高まりは期待できないというのが大方の見通しで，そうなると，入学先をこだわらなければ，大学入学はフリーパス状態となり，大学が入学者を選ぶ時代から，進学者が大学を選択する時代へ，入試の雰囲気が 180 度転換する。

　これまで，高学歴の取得は人生での成功に通じた。だから，将来のために，禁欲的な受験勉強は必要だと説かれてきた。そして，現在でも，学歴の効用を信じて，子どもを進学塾へ通わせ，有名校進学を目指す階層の人々を見かける。しかし，子どもが社会に出て活躍するのは 30 年以上も先の社会で，その時の社会で，学歴が機能するかについて，専門家の間では否定的な意見が多い。そうだとすると，現在の受験勉強は幻のゴールを目指すむなしい努力のようにも思われてくる。

　そうした一方，現代の多くの子どもは，有史以来初めて，進学の圧力を持たない育ちをたどり始めている。これまでの社会では，進学の失敗は人生の敗退を意味した。しかし，現在では，難関大学を卒業しなくとも，頑張った子とそれ程変わらない人生を送れそうに思える。それなら，ケセラセラという感覚で生きていこうという気持ちにもなる。必要悪の受験勉強から解放され，自分なりのペースで時間を使える。子どもにとっての天国の到来である。

IV　学校文化の中の子ども

### ポスト学歴社会の厳しさ

　学歴の効用低下はのんびりと生きられる時代の到来なのであろうか。考えてみると，近代化の中で，学歴は革新的な意味を持っていたのを思い起こす。それまでの前近代社会では，生まれながらの身分で一生が規定されていたが。それに対し，試験に合格し，学歴を取得さえすれば，出自に関係なく，立身出世できる革命的な仕組みが学歴社会だった。

　ヨーロッパでは身分差の壁が厚く，学歴という名のエレベーターは上流階層専用という感じで，庶民が利用できる状況ではなかった。そして，アメリカでも，白人だけが進学する時代が続き，人種差別の状況が続いた。そうした中で，日本では，明治初年から，進学のエレベーターに誰でも乗ることができた。もちろん，進学にはそれなりの学費が必要となるから，誰でも進学できるわけではなかった。しかし，郷土出身の名士が才能に恵まれた若者を自宅に書生として住まわせる。あるいは，県人会が東京に寮を建て，住まいを確保するなど，郷土レベルの苦学生対策も試みられていた。そして，何とか高等教育機関を卒業さえすれば，身分を問われることなく，社会的に活動することができた。実際に明治から大正にかけて活躍した学歴エリートの中に，旧下級武士層出身者が多かったのは，史実の示す通りである。

　学歴というエレベーターに乗れば，安定した生活が保障されるのは分かっている。しかし，我が家の経済レベルではとても進学させることはできない。そう感じている人たちが多かったので，生活水準が上がるにつれて，学歴を志向する階層が増える。そして，大学進学率が上昇し，現在の進学率は5割を超える状況となる。

　高等教育の多くの先行研究が示すように，大学の効用は進学率に規定される。ラフなまとめをすれば，進学率が1割程度なら専門管理職への道が保障され，25％レベルでもホワイト・カラーとしての人生が可能となる。しかし，進学率が5割を超えると，大学卒業生がオーバーフローをする状態となり，大学卒業生は4年間の修学に見合う人生を

177

送ることはできなくなる。そうした意味では，現在の学歴は機能を停止している。そうだとすると，先にふれた子どもたちの風のまにまに漂う生き方を非難できない気がしてくる。

　ロスアンゼルスで調査をしている時，すし屋の板前さんと親しくなった。勉強は嫌いだが，食べることが好きなので，高校卒業後，老舗のすし屋に入った。勤めて6年後に，ロスアンゼルス出店の話が出たので，自分から希望して下働き要員としてアメリカに来て，8年が経った。店のお客と話している内に，きちんとした英語を身につけたいと思うようになり，2，3年前から，昼間，UCLA のランゲージセンターに通っている。TOEFL のスコアが上がったので，来期から UCLA に入り，日本文化を学ぶつもりだという。そして，45歳になったら，両親も高齢になるので，東京に戻り，すし店を開きながら，東大の大学院で，江戸の食文化を学びたいと話していた。彼なら，10数年後，東京で凝ったすし店を開けると思った。

　彼と話していると，学歴をうまく利用していると思う。これまでのように，実社会に出る前の資格として学歴ととらえるのでなく，実社会と教育機関とを往復しながら，自分をブラッシュアップする手段として，それぞれの時期に学歴を利用している。いずれ，江戸の食文化の研究で，博士号を持つ寿司の親方が誕生するのかもしれない。

　学歴のオーバーフローは，上昇するためのエレベーターの機能停止を意味する。かつては学歴というゴールデンコースで，その道をたどれば，明るい未来が開けていた。しかし，これからの社会では，学歴というエレベーターに乗っても，社会的な上昇を期待できない。といって，ぼんやりと時を過ごせば，待ち受けているのは，下流社会の住民としての暮らしである。それぞれの子どもが，自分に向いた進路を自分なりに見つけて，頑張ることが必要になる。その際，大学は自分をブラッシュアップする手段として役立つ。先のすし職人の事例のように，大学をうまく利用して，次のステップを目指す。そうした賢さが求められている感じが

Ⅳ　学校文化の中の子ども

する。それだけに，ポスト学歴社会は，子どもたちに生き方の難しさを
投げかけている。女子も含めて，本当に「少年よ，大志を抱け」の時代
が到来している。

# Ⅴ まとめ

# 18　子どもとは

### 「子どもの誕生」

　平成 26 年の春に，六本木の森アーツセンターギャラリーで開催された「こども展」では，ルノアールやピカソの描いた子ども像に関心が集まっていた。そうした中で，入り口に奇妙な 1 枚の子どもの絵が飾ってあった。背の高さは子どもなのだが，大人と同じ背広を着て，顔も大人そのもので，文字通りに，大人を縮尺した感じの子ども像だった。

　その絵を見た瞬間，アリエスの『〈子供〉の誕生：アンシァン・レジーム期の子供と家族生活』（杉山光信・杉山恵美子訳，みすず書房，1980年）を思い起こした。アリエスは，多くの資料を駆使して，中世の社会では，子どもは「小さな大人」とみなされ，子ども期は存在していない。そして，子どもも大人と同じように働くだけでなく，性的な面でも，大人と子どもの境界はなかったことを立証しようとした。そして，子どもが労働から解放され，親元で教育を受けられるようになってから，子ども期が誕生すると指摘している。

　そうした子ども観の底流に，キリスト教的──特に，カソリック教会──な原罪の思想が横たわっているのを感じる。本来，子どもは悪的なものを内在化している。だから，幼い内に悪をきちんと閉じ込めておく必要がある。ある意味では，動物の飼育と同じように，子どもに厳しく接することが重要だ。そして，幼い内にきちんとしつけておけば，その後は年齢に応じて，自主性を尊重するという子育て観である。

　ベルギーのブリュセルを訪ねた時，時間が空いたので，王立美術館を訪ねた。古典美術館の 2 階へ上がると，北方ルネサンスの担い手となったブリューゲルの「子供の遊戯」（1560 年）が飾ってあった。絵には，木登りやコマ廻し，竹馬，虫取り，馬跳びなどに興じる子どもの姿が描

かれている。たしかに着ているものは大人のお下がりの感じだが，顔の表情に子どもらしさが見える。

ブリューゲルの「ベツレヘムの人口調査」（1566 年）や「農民の婚宴」（1568 年）などを見ると，人の表情や服装などの細かな描写は精細をきわめている。それだけに，「子供の遊戯」も，当時の子どもの姿を正確に写しとったものなのであろう。したがって，大きくつかんだ時，アリエスの指摘はある一面の真理であって，その一方に，遊び戯れる子どもの姿もあった。そして，遊ぶ子どもの姿に子どもらしさを感じた人が多かったのではないか。

## 巣立ちを前提としての子育て

正直な感想として，ブリューゲルの絵には共感できるが，アリエスの子ども観は知識として理解できるものの，感覚的に納得しにくい感じがする。そう書いてきて，30 数年以上前に，イギリスで小中学生のホームステイを試行した時の体験を思い出した。ロンドン郊外の高級住宅地でのステイを計画したのだが，すぐに失敗に気づいた。午後 5 時過ぎに子どもだけで，2 階の部屋で素朴な夕食を食べる。その後，父親が戻ってから，両親は，1 階の食堂でゆっくりとディナーを楽しむ。時には，メイドにあとを託し，子ども部屋に鍵をかけ，夫婦でドレスアップして外出することもある。部屋を見せてもらったが，夫婦の部屋はビクトリア風に飾られたゴージャスな雰囲気だったが，子ども部屋は木造のベッドだけの質素な作りだった。夫婦の生活と子どもの生活とを分け，家の主体は夫婦で，親が子どもを厳しくしつける感じである。日本の子は，親子で夕食の団らんをするのが当然と思っている。それだけに，イギリスの家庭で，自分が疎外されていると思うが，その家の子も質素な夕食を食べている。そうなると，状況を理解できなくなる。子どもに厳しく接するイギリスと子どもを愛育する日本とで，家族の中での子どもの位置が異なりすぎる。それだけに，日本の子がイギリスの格式のある家庭

にステイするのは，お互いに不幸だと思った。

　その翌年，ステイ先をアメリカの西海岸へ移した。イギリスでの経験から格式ばらない地域で，航空運賃も安い。しかも，治安がよいというので，ワシントン州の州都・オリンピアをステイ地に選んだ。子どもを2週間預かってもらうのだから，安定した家庭をホストファミリーとしたい。そうなると，中流よりやや上の階層の家庭を選ぶことになる。

　アメリカの家庭では，イギリスのように，親子で夕食を別にとることはなかった。しかし，ホストファミリーでは，牛乳やオレンジジュースはいくら飲んでも良いが，子どもは紅茶やコーヒーは禁止という家庭が一般的だった。また，子どものテレビは9時までという決まりの家庭も多かった。家の中で，子どもは自由に過ごすのだが，家のルールにしたがってという感じである。子どもとしての特権を認めるところと子どもは禁止という面とをはっきりさせる。それと同時に，子どもなりにできる範囲で家を支える作業を求められるのも印象的だった。そして，日本の子も，ホストファミリーでの手伝いの役割を指示されるのが一般的だった。みんなの食器を食洗器に入れる，あるいは，前庭の芝を刈る，朝食のオレンジジュースをしぼるなどである。

　その内に，市のオーケストラの指揮者をしているホストファミリーと親しくなった。奥さんも地元では著名なデザイナーだったが，休日の昼に一家で外食する時はケンタッキーやマクドナルド的な店を利用していた。地域にファミリーレストランもあったが，利用するのは誕生日や入学などの特別な日に限られていた。そうした夫婦も，結婚記念日などには馴染みのステーキハウスを訪れる。ワイン代込みで一人100ドルはかかり，15ドル程度ですむファミリーレストランとはランクが違う。

　父親によれば，20代は修行中の音楽家として極貧の生活を送った。そして，子どもも，いずれ家を出る。その時，ステーキハウスでの食事は当分無理だろう。ああいう場を知ってしまうと，それが基準となり，そこに行けない自分をみじめと思う。しかし，ケンタッキーが基準にな

184

れば，ファミリーレストランでも幸せ感を味わえる。それだけに，親の豊かさに慣れさせると子どもを不幸にすると話していた。

### 子どもと密着する親

オリンピアに限らず，アメリカの中流家庭の場合，家庭の中心は夫婦で，子どもは制約の中で日々を過ごす。そして，自由を求めるなら，早く大人になれといわれて育つ。実際に，子どもも，中学生くらいから，親と距離を置いた暮らしを始め，18歳で家を出るのが一般的だ。しかし，日本の場合，子どもと親との食事の時間を分け，子どもは粗食で，親は遅めにご馳走などという話を聞いたことはない。それだけでなく，かなり高級なイタリアンレストランや回転寿司でない寿司屋で子ども連れの親子を見かけることがある。そうした親子を，「幸せそう」と思う反面，子どもの内から，こんなに贅沢をさせて，この子は将来どうなるのか気がかりになる。

考えてみると，日本では，子どもを慈しむのが親としての当然の行為だし，子どものために犠牲を払うのを厭わない親が多い。アメリカでは，学生自身がローンを組んで，大学で学ぶのが通例だが，日本では，当然のように，大学生になった子の学費を親が負担している。特に地方出身者の場合，大都市で生活を送るのに，学費を含め年間240万，月に直すと20万円以上の仕送りが必要となる。4年間で1千万円以上の支出で，この金額を老後に貯えておけば，親の老後も安泰になる。それでも，子どもが親の老後を見てくれるのなら，出費も無意味ではない。しかし，卒業後の子は，東京で世帯を持ち，郷里に戻らないのが一般的だ。

### 「7歳までは神の子」

平成28年4月，出光美術館の「美の祝典」展には「伴大納言絵巻（平安末期の作といわれる。国宝）」が出展されていた。その中の「子どもの喧嘩」には子どもらしい子どもの姿が描かれている。日本では，子ど

もを「小さな大人」ととらえることはなかったし，まして，原罪を宿す的な感覚は皆無だった気がする。というより，鬼子母神信仰の広まりが示すように，子どもは慈しむ対象として扱われてきている。

　子ども論の原点といえば，柳田国男の『こども風土記』（1941年）を思い起こす。新聞の連載をまとめたので，エッセー風の短文から構成されているが，それだけに，柳田国男の本音が吐露されているのを感じる。そして，柳田国男は「子買お問答」や「おきゃく遊び」，「女児のままごと」などを通して，慈しむ対象としての子どもを優しい眼差しで描いている。

　大藤ゆきの『児やらひ』（三国書房，1944年）は，柳田に私淑した大藤が，日本の子育ての風習をまとめた労作だが，子どもが「7歳までは神の子」といわれ，「3日祝」や「初着」，「名付祝」，「食初め」など，節々で祝い事を重ねながら成長していく姿を紹介している。西欧の原罪とは正反対の「善なる存在」としての子ども観である。そして，慈愛を持って子どもに接すれば，子どもの内なる良さがにじみでるという子ども観でもある。しかし，「昔は今の母親のやうに毎日つききりで子供の世話をしませんでした。又したくも出来なかった」。その上，早死にする親も少なくない。そこで，「一人の子供の成長といふことはその両親だけの関心事でなく親類一門はもとより，その部落全体の期待を受けてゐるものだった」。

　大藤が指摘しているように，多産多死の時代に，子どもは神からの授かりものだった。そして，子どもは，その家だけでなく，村落――行政的な村でなく，自然村――にとって，次の世代の担い手の成長を意味するので，大きな関心事だった。そうした意味で，子どもは，親はむろん，地域の人からも，「神の子」として慈しまれて育っていく存在だった。

### 子は親に孝を尽くす

　もちろん，貧しい時代の子育ては労苦の連続だった。江戸期の儒学者・

## Ⅴ　まとめ

中江藤樹は『翁問答』の中で、「母は懐孕のくるしみをうけ、十病九死の身となり、父は孕子の保全、産育のあんのん（安穏）なるべき事をねがひうれひて、千辛万苦をこゝろにわすれず」子育てをしていく。親は「身あか（垢）づきけがれても、ゆあ（湯浴）びかみあら（髪洗）ふべき暇もなく」子育てをしているのだから、「子の一身、毛一すじにいたるまで、父母の千辛万苦」の賜だから、「父母のおんどく（恩徳）はてん（天）よりもたかく、海よりもふかし」と説く。

藤樹に限らず、多くの儒学者が、立場を超えて、孝行を人倫の基本に位置づけているが、貝原益軒は、『和俗童子訓』で、「父母の恩は、高く厚きこと天地に同じ。父母なければ我が身なし。其恩報じ難し。孝を務めて、せめて万一の恩を報ゆべし」と述べる。また、室鳩巣も『不忘鈔』の中で、「父母は、これ、仁愛の初、孝は百行の先駆けなり」と指摘する。

孝行は人倫の基礎というとらえ方は、朱子学の基本なので、藩学などでも教えられたが、庶民の通う寺子屋や石門心学などでも、さまざまな形で、孝が説かれている。そして、明治維新後も、折あるごとに、孝が推奨されている。例えば、明治14年に宮内庁から下賜された『幼学綱要』は、元田永孚のまとめた徳目集で、のちの修身教科書の下地となるものだが、20の徳目の第1位に「孝行」があげられている。そして、『孝経』の「身体髪膚　受之父母　不敢毀傷　孝之始也（身体髪膚　之を父母より受く　敢へて毀傷せざるは　孝の始なり）」を引用後、15の説話を収録している。その中に、老父のために、酒を探しに山中をさまよった孝行息子の話は「養老の滝」として名高いが、病弱な老母のために、罪を覚悟して禁断の池で魚を捕った僧侶の話も紹介されている。

なお、本稿の主題から離れるが、『幼学綱要』では、「孝行」が徳目の一位に置かれ、「忠節」は2位という扱いである。したがって、この時期、忠孝一本的な価値体系が作られていないことが興味深い。というより、もともと、儒教では、孝は人倫の大本であるから、親が間違った場合でも、親を諌めずに「曲従」すべきだ。しかし、忠は絶対でなく、愚かな主君

には仕える必要はないと説く。それだけに，明治末期以降，家族国家観が形成される中で，国への忠と親への孝とを一体化するとらえ方が提起される。そして，教育勅語の解説書的な『教育勅語衍義』（1891〔明治24〕年）でも，「子タル者ノ身ハ是レ父母ノ生ズル所ニテ（中略）父母ニ孝ナルベキハ全ク其必然ノ勢ナリ」と孝をとらえる。忠との関連については，「国ノ君主ノ臣民ヲ指揮命令スルハ一家ノ父母ノ慈悲ヲ以ツテ」家族に接するのと同じだと述べる。したがって，この時期は，孝を土台とし，その延長線上に忠を置く発想で，孝あっての忠という社会観である。（深谷昌志『親孝行の終焉』 黎明書房，1995年）

### 恩を媒介としての輪廻

忠孝の問題は主題から外れるので，本論に戻ろう。親から慈愛を受けた子が親の恩に報いる。その子が成長して親になり，子を慈愛する。その子が親に尽くすという感じで，恩を媒介として，世代が輪廻していく。

庶民にとって，儒学者の高説は無関心だとは思うが，子育てという営みが苦労を伴うだけに，心学などで「孝」を説かれると，共感するものが多い。庶民の娯楽である落語にも，「孝行糖」や「二十四孝」などの形で，孝行の効用が語られている。親が慈愛を持って子を育て，その子が孝の形で親の恩に報いるという関係である。

こうした家族関係は，恩という言葉に飾られてはいるが，ありていに言えば，家族内福祉システムであろう。親は幼い子を育て，その子が成長し，老いた親の世話をする。家族の中で一生を過ごす人生である。もちろん，親が若くして死ぬ場合もあるから，親族が危機にある家族を支える。その外縁に村落があり，村落が危機的な親族を支える感じになる。

すでにふれたように，欧米の親子関係は子の「巣立ち」を前提として成り立っているが，日本の子ども——特に長男——は家を受け継ぐつもりで成長していく。子どもが「家に永住」する形の親子関係である。それでも，かつての社会では，「巣立ち」を願わなくとも，貧しい家を救

うために，家を出る立場の子が少なくなった。非進学者の場合，長男は家に残るが，次男以下は小僧やねえやなどの形で，家を出て，徒弟生活を送ることになる。また，進学者の場合も，名門の旧制中学は県庁所在地にあったので，下宿するのが常であった。しかし，家を出ても，「志を果たして，いつの日にか帰らん」（小学唱歌・「故郷」）を夢見て，刻苦勉励の日々を過ごし，郷土に「錦を飾り」，親の労苦に報いることが，子どもの最大の願いだった。

### 「子やらひ」の復権

　現在の子どもは，高校までは親元で暮らすし，大学も大都市周辺なら，自宅からの通学が可能だ。そして，大学卒業後も，親元で暮らすことが多い。山田昌弘が『パラサイト・シングルの時代』（ちくま新書）を提起したのは 1999 年だった。学業終了後も親元に残り，生活を親に依存する未婚の若者の問題として社会的な関心を集めた。しかし，それから 20 年後の現在，高齢になった親が，定職につかないままに中年を迎えた未婚の子と同居し，年金の中から子どもの生活費も支出する貧困老人が増加しているといわれる。それと同時に，結婚後に親と別居はするが，子どもが生まれると，祖父母の世話をあてにする若夫婦も増加している。親世代は現役として働いている場合も多いし，退職金をもらい，自宅を構え，小金を持って，年金生活をスタートさせている人も少なくない。子ども世代からすると，経済的に頼りになるので，親への依存が続く。「パラサイト若夫婦」である。そうした現在はよいにせよ，今後，若夫婦は子どもの成長につれ，学費のかかる時期を迎える。当然，パラサイト状態が続くが，親世代は老齢期を迎え，収入も減り，健康の不安を抱え，パラサイト関係の維持は困難になる。といっても，子ども世代に孝の感覚は欠落しているので，世代間の輪廻は作動せずに，家庭内福祉も期待できない。そうなると，親世代は不幸な晩年を送ることになる。

　そうはいうものの，親世代にも，子どもをパラサイトさせた責任があ

るように思う。先ほど引用した大藤ゆきの『児やらひ』には，もう一つ重要な指摘が見られる。それは，「神の子」は7歳までで，「小児の祝は7歳を以て最後とし，それから所謂子供仲間へ入ることになります」。「この年を境として始めて大人の世界に入る下準備が開始される」と記述している。慈愛を持って，子どもに接した後に，子どもを「やらふ」，つまり，家から子どもを「追いはらう」慣行があったという。「神の子」として慈愛した子どもであっても，年齢が来たら，社会的に自立させるために，その子を家から「やらう」文化である。しかし，何故か，「やらう」年齢が，7歳から小学校終了時へ，そして，中学卒，さらに，高校卒，現在の大学卒へと延長され，「やらう」文化が完全に喪失した状況で，現在を迎えている。

## 「依存」から「自立」へのスイッチの切り替えを

　子どもが成長するためには，「依存」から「自立」へのスイッチの切り替えが必要だが，欧米の場合，「自立」のさせ方がうまいと思う反面，幼い子を自立へ駆り立てすぎている印象を受ける。乳幼児を，もう少し，慈しんでもよいのではないか。それに対し，日本では，子どもを慈愛していることはたしかだが，自立へのスイッチを切り替えるタイミングを見いだせないでいる。その結果，密着型の親子関係を保ったまま，子どもは中学，そして，高校へと進む。その結果，先にふれたパラサイト予備軍が誕生していく。

　昔から，江戸などでは，「7歳」とは別に，「つ」が付くうちは神の子という言い方もあった。九つまでが神の子という把握だ。慈愛の対象は，「つ」のつく内か，数え年で10歳までであろう。そうした考え方を生かして，小学高学年になったら，「依存から自立へ」子育てのスイッチを切り替えてはどうか。もちろん，そのためには，移行期が必要で，子ども部屋の掃除を親がするのを止め，自分で管理させる。小遣いの額を増やしながら，裁量の幅を広げていく。部活や塾選びにあたり，親は助

## V　まとめ

言にとどめ，子どもの考えを尊重するなどである。

　そうした自立した子が元気に家を巣立っていく。その時に育ての親としての使命を終わることを意味する。そして，家族の形が,「慈愛と依存」を軸とする「縦の関係」から，成員が自立し，家族全員が「対等」で友愛的な「横の関係」へ変容していく。そうした中で，親世代は養育の責務から解放され，もう一度，自分の人生をたどり始める。そして，若い世代も，親との心の通い合いを持ちながら，自分なりの暮らしを送ればよい。そうした形が成熟型社会の新しい子育て後の家族の形のように思う。そうした関係を目指して，自立を促すスイッチを切り替える時期を大事にしたいと思う。

# あとがき


　大学の籍を確保できず，オーバードクターとしての不安定な生活を送っている時，自宅の電話が鳴った。学会で発表している内容を単行本として刊行しないかという出版社からのお誘いだった。中野光先輩（当時は金沢大学教授，後に『大正自由教育の研究』（黎明書房）の著者として知られる）の推薦で，電話をかけてくださったのは黎明書房の高田利彦編集長（後に社長）だった。

　専門書の刊行など，夢にも考えられない状況だったので，青天の霹靂という感じで，感激しながら原稿をまとめた。そして，出版できたのは『良妻賢母主義の教育』（1966 年）だった。さいわい，同書は学会などでの評価が高く，マスコミも好意的な書評を載せてくれたので，研究者として，幸運なスタートをきることができた。半世紀前の出来事だが，それ以降，黎明書房から，折々の時期に拙書を刊行していただいた。『学歴主義の系譜』（1969 年），『「子どもらしさ」と「学校」の終焉』（2000 年），『昭和の子ども生活史』（2007 年）などだが，中でも，『親孝行の終焉』（1995 年）は，武馬久仁裕社長からテーマを勧めていただき，執筆したものなので強い印象を抱いている。

　本書の執筆にあたり，研究者生活 50 年の区切りとして，黎明書房からの刊行を考えていた。さいわい，武馬久仁裕社長の快諾を得て，刊行の形をとることができた。この半世紀，幸いにも健康に恵まれ，ボケることなく，現在を迎えることができた。多くの研究者仲間や知人，そして，家族に心から感謝したいと思う。それと同時に，出版事情の厳しい

あとがき

現在，半世紀以上にわたって，良質な教育書を刊行し続けてきた黎明書房，中でも，武馬久仁裕社長のご苦労を多としたいと思う。本書が子どもの問題に関心を寄せる方の参考になれば幸いである。

　平成 28 年 9 月

深 谷 昌 志

# 索　引

## ア

愛着障害　76

青木正美　33

赤い羽根募金　122

赤瀬川原平　1

アカデミック・ドレス　19

遊び　102

アタッチメント　75

アリエス　182

池田六衛　162

居心地がよい　22

いじめ　142, 144

いじめの3段階　143

いじめの4層構造　145

いじめの量的な把握　146

いじめ非行　144

イジメ・ポスト　148

1365サイト　127

今井正二　163

大岡昇平　34

大田才次郎　102

大藤ゆき　186

オープンコンセプト　156

『翁問答』187

屋外体験　112

小沢正一　104

小田かなえ　45

お手伝い　62

怯える　81

## カ

貝原益軒　187

加太こうじ　34

固まる　81

学級　22

学級委員　30

学級委員制　36

学級のない学校　28

学級のリーダー　30

学校行事　14

学校群制度　173

学校選択制度　150

家庭教師　25

過度の依存性　83

ガリバー状態　46

河合隼雄　90

観察参加　22

キブツ　72

ギムナジウム　164

虐待　81

虐待件数　84

虐待の影　82

ギャング・エイジ　107

ギャング集団　107

キャンプ・リーダー　120

級長規定　31

級長心得　32

索　引

級長制度 31

『教育勅語衍義』188

教育勅語の発布 15

「切る」と「包む」90

キロギ・アッパ 95

クオーター制 12

9月入学 12

グッドウイル 123

グラマー・スクール 165

黒川儀兵衛 162

ケータイ 130

健歩（脚）会 52

考現学 1

口頭試問 171

御真影検査 16

御真影の下賜 15

子育て支援 70

5段階教授法 26

孤独な群集 39

子どもと密着する親 185

子どものウエルビーイング 74

『〈子供〉の誕生』182

「子供の遊戯」182

『こども風土記』186

5年制基礎学校 169

『児やらひ』186, 190

5・4・4制 169

今週の学級のスター 37

今野敏彦 15

今和次郎 1

## サ

斎藤喜博 17

サイレントマジョリティ 39

佐々淳行 47

里親委託率 87

サマー・ファン 119

サンクチュアリー 110

30人学級 26

三大節 15

386世代 96

三放世代 96

ジェネレーションY 92

自願奉仕活動 126

地獄の学級 44

自己評価 67

事実婚 94

支持率の高い教師 43

施設暮らしの子 85

自然体験 112

自然体験の豊富な子 118

七放世代 96

児童会のリーダー 38

自分の食器運び 62

島小学校 17

修学旅行 51

12年制共通教育 166

授業参観 21

出産後継続就業率 70

小学区制 172

小皇帝 72

小舎化 86

少年自然の家 58

助教法 25

女性優位 94

進級 19

人口オーナス 71

スクールガイド 156

鈴木忠五 32

スマホ社会 136

スマホ（スマートフォン）130

スマホへの接し方 132

スマホやケータイの所持率 131

スマホを使う時間 132

生活習慣 65

成蹊小学校 16

聖の文化 109

セミやトンボを取った 116

セメスター制 12

ゼロ歳児保育 71

全託 71

専門里親 88

総合選抜制 172

葬式ごっこ 142

俗の文化 109

### タ

第1次教育使節団 166

大学進学率 176

体験奨励制度 128

大正自由教育 16

脱男性 98

ダディ・トラック 92

種谷扇舟 49

玉川一郎 34

単線型 159

担任 24, 40

チャーター・スクール 157

中高一貫校 155

デュアル・システム 163

テレビ視聴 65

天国の学級 44

道具的 90

特認校制度 152

トンボにさわった 114

### ナ

中江藤樹 187

中村吉治 53

7歳までは神の子 185

2018年問題 175

日託 73

『日本児童遊戯集』102

入学式 12

入学式などの学校行事の雰囲気 17

入学式のない学校 18

野田小学校 53

ノブレス・オブリージュ 165

### ハ

パーソンズ 90

白線浪人 170

箸を並べる 62

初登り 163

母親のウエルビーイング 74

パパクオータ制 93

パラサイト・シングル 189
半額割引 55
反社会性 83
一人っ子政策 71
100 キロマラソン 48
表出的 90
フォスター制度 87
複線型 159
ふざけ 144
フリー・デイ 110
ブリューゲル 182
勉強時間 66
ホイジンガ 105
奉安殿 16
補習教育禁止令 171
ポスト学歴社会 177
母性的養育の剥奪 77
ホモ・ルーデンス 105
ボランティア体験 122
ボルビー 77
ボンディング 75

マ

マグネット・スクール 157
貧しい遊び 105
的場浩司 44
マミー・トラック 92
村上信彦 33
メディアに溺れる子 137
メディアを制御できる子 137
モデルノロジー 1
元田永孚 187

模範授業 46
森田洋司 145

ヤ

柳田国男 1, 186
山田昌弘 189
山本信良 15
やる気がある 125
豊かな遊び 105
養育期間 79
『幼学綱要』 187
「横並び」の文化 36
吉川英治 14

ラ

乱塾時代 170
リースマン 39
リセー 164
リフレッシュ制度 79
療育 88
『梁塵秘抄』102
隣接区域 152
6・3制 159
6年制中等学校 155
路上観察学 1

ワ

鷲アッパ（トクスリ・アッパ）95
『和俗童子訓』 187

著者紹介

深谷昌志

1933 年，東京生まれ。

東京教育大学大学院修了。教育学博士。教育社会学専攻。奈良教育大学教授。静岡大学教授などを歴任。現在，東京成徳大学名誉教授。

著書：『良妻賢母主義の教育』『女教師問題の研究』（共著）『学歴主義の系譜』『親孝行の終焉』『「子どもらしさ」と「学校」の終焉』『放送大学で何が起こったか』（共著）『昭和の子ども生活史』以上黎明書房，『孤独化する子どもたち』『無気力化する子どもたち』以上ＮＨＫブックス，『父親－100 の生き方』中央公論新社，『日本の母親・再考』ハーベスト社，『虐待を受けた子どもが住む「心の世界」』（共著）福村出版など多数。

子どもと学校の考現学

2017 年 3 月 10 日　　初版発行

| | | | | |
|---|---|---|---|---|
| 著　　者 | 深 | 谷 | 昌 | 志 |
| 発 行 者 | 武 | 馬 | 久 仁 裕 | |
| 印　　刷 | 株式会社チューエツ | | | |
| 製　　本 | 株式会社渋谷文泉閣 | | | |

発 行 所　　　　　　株式会社 黎 明 書 房

〒 460-0002　名古屋市中区丸の内 3-6-27　EBS ビル　☎ 052-962-3045
　　　　　　　　FAX052-951-9065　振替・00880-1-59001
〒 101-0047　東京連絡所・千代田区内神田 1-4-9　松苗ビル 4 階
　　　　　　　　　　　　　　　　　　　　　　☎ 03-3268-3470

落丁本・乱丁本はお取替えします。　　　　　ISBN978-4-654-09010-5
Ⓒ M. Fukaya 2017, Printed in Japan

深谷昌志著　　　　　　　　　　　　　　　　　　　A5 上製・312 頁　7500 円

# 昭和の子ども生活史

　長年にわたり，子どもの調査研究に取り組んできた著者が，膨大な歴史資料に基づき，自らの生きた「昭和」の子どもの姿を，自らの体験も交えながら生き生きと描き出す。

深谷昌志著　　　　　　　　　　　　　　　　　　　四六・240 頁　2100 円

# 「子どもらしさ」と「学校」の終焉　生きるための教育をもとめて

　子どもたちが，日々学校・家庭生活の中で感じ考えていることや，その特徴・傾向を豊富なデータから明らかにし，現代における教育のあり方を考え直す。

片岡徳雄編著　　　　　　　　　　　　　　　　　　A5 上製・392 頁　7000 円

# 集団主義教育の批判

　**教育名著選集①**　マカレンコの集団主義教育および日本の集団主義教育の理論と実践を厳しく検討し，真の民主教育とは何かを追究した労作。

中野光・高野源治・川口幸宏著　　　　　　　　　　A5 上製・306 頁　5800 円

# 児童の村小学校

　**教育名著選集③**　戦前の自由教育の頂点であり，教育ユートピアであった「児童の村」小学校の実践を豊富な資料と証言を通して語り，歴史的，教育的意義を追求。

森　昭著　　　　　　　　　　　　　　　　　　　　A5 上製・302 頁　5800 円

# 人間形成原論　遺稿

　**教育名著選集④**　〈人間生成〉の総合科学的解明の成果を背景に独自のライフサイクル論を提起。教育と人間への問い／自然と人間と歴史／人間の発達と生涯／他

黒水辰彦編著　　　　　　　　　　　　　　　　　　A5 上製・283 頁　4700 円

# 詩のアルバム　山の分校の詩人たち

　**教育名著選集⑤**　九州の山村の分校の子どもたちが，人間の真実を謳いあげる。詩によって目覚め，成長して行った９名の子どもたちの詩が感動を誘う。（解説・西郷竹彦）

中野　光著　　　　　　　　　　　　　　　　　　　A5 上製・305 頁　6000 円

# 大正自由教育の研究

　**教育名著選集⑥**　大正自由教育は，どのような社会的，政治的背景の中で生まれたか，それは今日いかに評価されるべきかを鋭く論究した名著。

表示価格は本体価格です。別途消費税がかかります。

■ホームページでは，新刊案内など，小社刊行物の詳細な情報を提供しております。「総合目録」もダウンロードできます。　http://www.reimei-shobo.com/

中野　光著　　　　　　　　　　　　　　　　　　　A5 上製・376 頁　8000 円

## 学校改革の史的原像　「大正自由教育」の系譜をたどって

毎日出版文化賞受賞の名著『大正自由教育の研究』から 40 年，近代日本の学校改革の本質を，歴史的に照射した著者渾身の労作。

矢野幸一著　　　　　　　　　　　　　　　　　　　四六・184 頁　1300 円

## 県二高女・女子師範物語　愛知県の近代女子教育

同じ校地にあった愛知県（立）第二高等女学校・愛知県女子師範学校の誕生から終焉までを，愛知県の近代女子教育の歩みを踏まえ，女生徒たちの生き様を通して語る。

堀真一郎著　　　　　　　　　　　　　　　　　　　A5・256 頁　2700 円

## きのくに子どもの村の教育　体験学習中心の自由学校の 20 年

担任もクラスメイトも活動も選ぶことのできる，いじめ・体罰とも無縁な日本一自由な学校，きのくに子どもの村学園の授業や修学旅行，ミーティング等について語る。

多賀一郎・石川晋著　　　　　　　　　　　　　　　A5 上製・153 頁　2200 円

## 教室からの声を聞け　対談＋論考

北と西の実力派教師が，子どもの声を聞き理想の教室をつくる道筋を，自らの生き様や教育の場での生々しい事例などを交えながら，対談と論考を通し本音で語り合う。

今津孝次郎著　　　　　　　　　　　　　　　　　　A5・196 頁　2600 円

## 増補 いじめ問題の発生・展開と今後の課題　25 年を総括する

80 年代以降の我が国のいじめ問題を総括し，いじめ問題解決の方向を提示。「付章 いじめ『対策』から反いじめ『政策』へ」を増補。

T．パーソンズ・R．F．ベールズ著　橋爪貞雄他訳　　A5 上製・633 頁　8900 円

## 家　族　核家族と子どもの社会化

子どものパーソナリティ形成に関して，核家族の構造がいかなる影響を与えるか等を追究した理論社会学の世界的名著 “Family” の完訳。

高浦勝義著　　　　　　　　　　　　　　　　　　　A5 上製・261 頁　6500 円

## デューイの実験学校カリキュラムの研究

デューイの実験学校カリキュラムの編成原理と実際的展開を，「初等学校記録」の分析をもとに解明したデューイ研究の画期をなす労作。

表示価格は本体価格です。別途消費税がかかります。